CB064115

MAGIA ELEMENTAL

Victor Valentim

MAGIA ELEMENTAL

O guia completo sobre os espíritos
que habitam a natureza

academia

Copyright © Victor Valentim, 2023
Copyright © Editora Planeta do Brasil, 2023
Todos os direitos reservados.

O conteúdo a seguir é baseado nas experiências profissionais e estudos do autor. Seu objetivo é fornecer material útil e informativo sobre os assuntos abordados e de maneira alguma substitui aconselhamento médico ou psicológico.

Organização de conteúdo: Malu Poleti
Preparação: Wélida Muniz
Revisão: Elisa Martins e Algo Novo Editorial
Projeto gráfico e diagramação: Vivian Oliveira
Capa: Larissa Arantes
Ilustrações de capa e miolo: Larissa Arantes

DADOS INTERNACIONAIS DE CATALOGAÇÃO NA PUBLICAÇÃO (CIP)
ANGÉLICA ILACQUA CRB-8/7057

Valentim, Victor
Magia elemental: o guia completo sobre os espíritos que habitam a natureza / Victor Valentim. - São Paulo: Planeta do Brasil, 2023.
240 p.

ISBN 978-85-422-2460-3

1. Elementais 2. Magia I. Título

23-5821   CDD 133.43

Índice para catálogo sistemático:
1. Elementais

FSC® MISTO
Papel | Apoiando o manejo florestal responsável
FSC® C005648

Ao escolher este livro, você está apoiando o manejo responsável das florestas do mundo

2023
Todos os direitos desta edição reservados à
EDITORA PLANETA DO BRASIL LTDA.
Rua Bela Cintra, 986 – 4º andar
01415-002 – Consolação
São Paulo-SP
www.planetadelivros.com.br
faleconosco@editoraplaneta.com.br

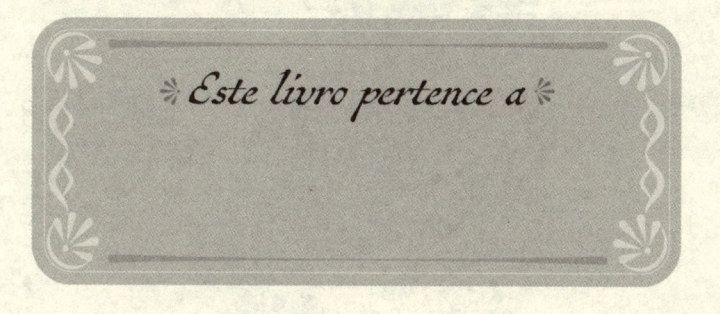

※ Este livro pertence a ※

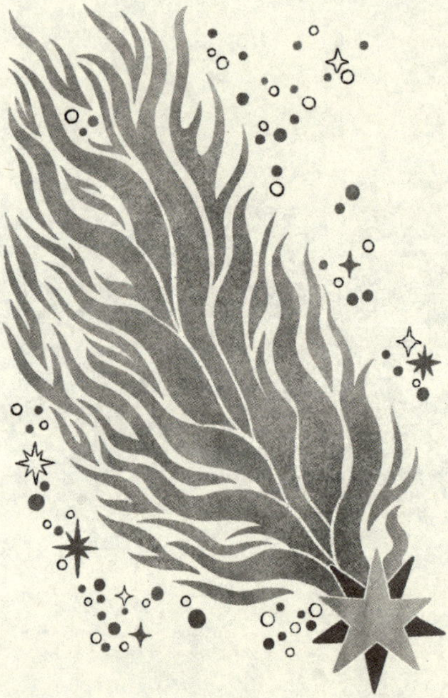

> Victor, que você consiga entender, encontrar e ver muitos gnomos. Que êste livro ajude-o a sonhar e viver realizando as suas maiores fantasias, assim como encontrar o seu pote de ouro no fim do arco-íris.
> Beijos
> Da sua mãe que muito te adora.
> Maria Alice
> 02/11/2001

Dedicatória escrita por minha mãe, em um livro que ela me presenteou quando eu tinha 10 anos e que me impulsionou a começar na magia.

*Dedico este livro à
minha mãe, Maria Alice,
que sempre me permitiu acreditar
no pote de ouro no fim do arco-íris.*

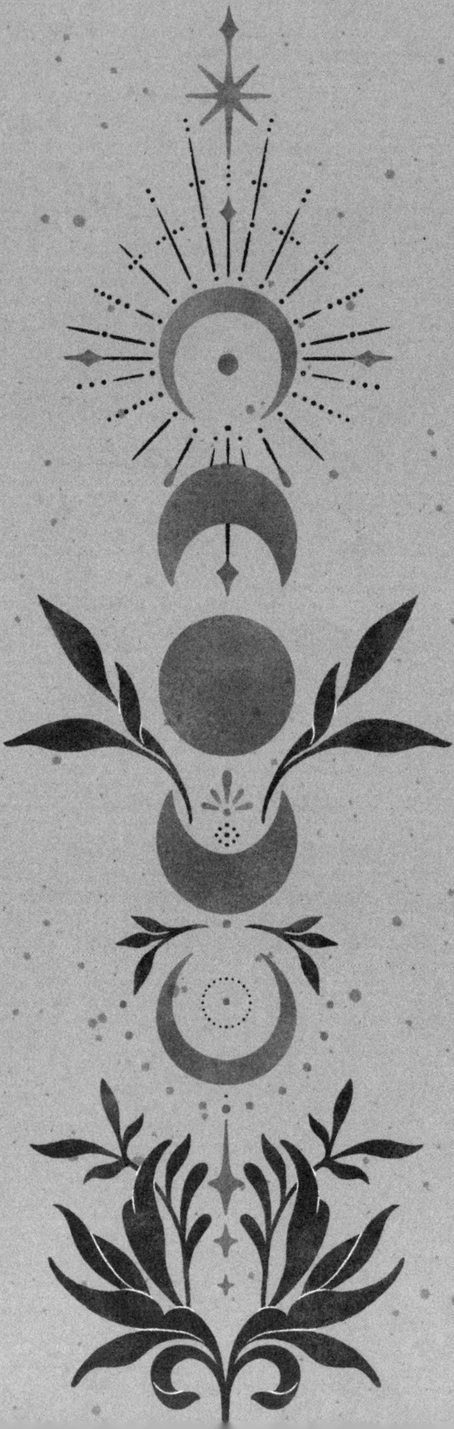

BOAS-VINDAS AO MUNDO
DA MAGIA ELEMENTAL 13

Era uma vez... 15

PARTE 1
Introdução à magia elemental 20

    O QUE É MAGIA 21

PARTE 2
Os reinos elementais 38

    REINO ELEMENTAL DA ÁGUA 39
    REINO ELEMENTAL DO AR 45
    REINO ELEMENTAL DO FOGO 55
    REINO ELEMENTAL DA TERRA 62
    MAIS ALGUNS SERES ELEMENTAIS 82

PARTE 3
Como iniciar suas práticas 110

    O PODER DA NATUREZA 111
    MOMENTO PERFEITO 119

PARTE 4
Práticas e rituais mágicos 152

    INICIANDO NA MAGIA 153
    MAGIAS ELEMENTAIS DA ÁGUA 157
    MAGIAS ELEMENTAIS DO AR 173
    MAGIAS ELEMENTAIS DO FOGO 181
    MAGIAS ELEMENTAIS DA TERRA 193
    RITUAIS, FEITIÇOS E OUTROS ENCANTAMENTOS 199
    PRATIQUE SEMPRE O BEM
    (E VIVA FELIZ PARA SEMPRE!) 217
    ANEXOS 219

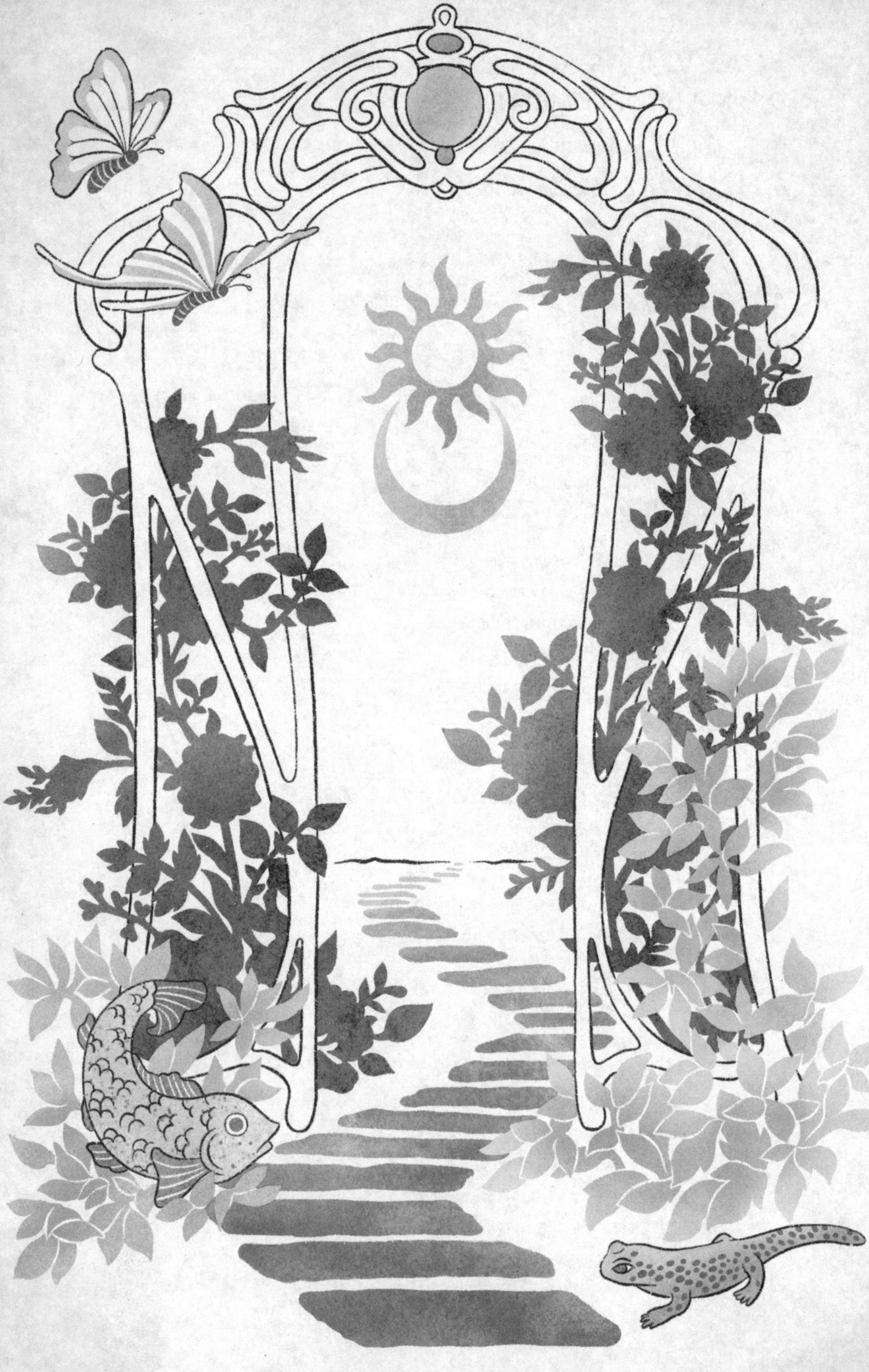

BOAS-VINDAS AO MUNDO DA MAGIA ELEMENTAL

Olá! Eu sou um gnomo, você acredita em mim?

Dentro deste livro mágico, você acessará uma dimensão de seres do mundo dos elementais, onde flores, animais e criaturas encantadas estão sempre presentes, buscando nos passar ensinamentos de magia e de compaixão.

Neste universo, temos grande conexão e respeito com a natureza, com cada pedra, semente, flor e criatura mágica. Aqui, respeitamos a evolução de cada um. Acreditamos estar diretamente conectados a cada criatura pertencente à terra, à água, ao fogo e ao ar. E, mais do que isso, para que a magia aconteça, é preciso ter respeito, humildade, simplicidade, harmonia, boas intenções e, principalmente, coração aberto.

Espero que você trilhe um lindo caminho de magia e autoconhecimento dentro desse percurso de tijolos dourados que é o mundo da magia elemental. Abra o seu coração para aproveitar ao máximo tudo o que este universo tem a oferecer!

Beijos de nariz,

Victor Valentim

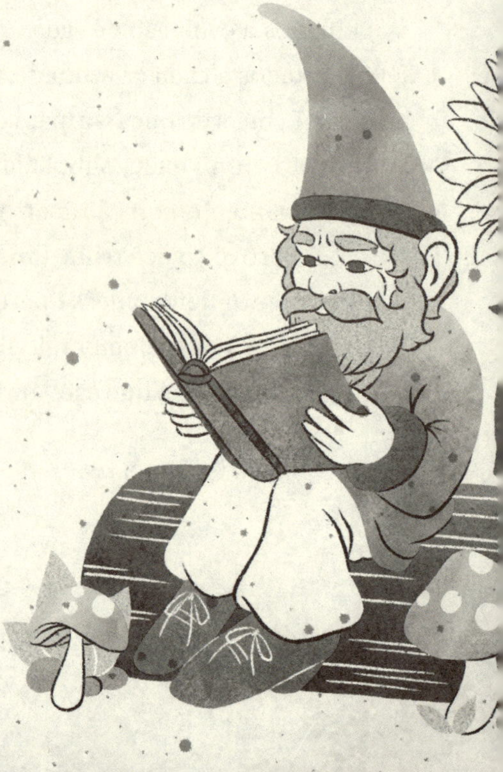

Era uma vez...

Um garotinho muito curioso de 3 anos que sempre buscava enxergar a magia nas coisas: em cada objeto, em cada folha de árvore e até em cada caminho que decidia seguir. Ele vivia em um lugar onde brincava com os amigos no parquinho, tinha muito nojo de colocar os pés descalços na terra ou de sujar as mãos com a areia da praia. Ele passou muito tempo sentindo que vivia em um mundo preto e branco, em um mundo sem luz, em um mundo sem vida...

Até que, num belo dia, a professora desse garotinho o levou, junto com toda a turma, a uma sala da escola. Nessa sala havia cadernos coloridos cheios de imagens. "Esta é a biblioteca, um lugar que serve para guardar livros, que são estes aqui. Os livros fazem a gente passar por dentro de portais mágicos, e de lá podemos visitar outros mundos e encontrar fadas, gnomos, princesas, dragões e muitas criaturas mágicas. Cada um desses livros é uma porta que pode enviar vocês para mundos diferentes", foi o que a professora explicou a todos eles. Aquele foi o dia mais feliz da vida daquele garotinho. Como poderia um simples amontoado de papéis enviar alguém para um mundo paralelo? O que eram fadas, gnomos, duendes, elfos e como eles viviam em meio a nós neste e em outros mundos sem nunca serem vistos?

Naquela mesma semana, o garoto ficou pensativo, refletiu sobre a existência de outros mundos, portais mágicos e dimensões. E foi quando, ao voltar para a escola nos dias seguintes, ele se deparou com um gnomo (sim, com um gnomo), que usava roupas largas e coloridas, um grande chapéu vermelho e pontudo e, no rosto, uma barba grande e comprida. O ser mágico, e um tanto estranho, estava, acredite se quiser, dentro de uma cabana no meio do pátio da escola, segurando um livro com a própria imagem refletida.

No momento em que viu o menino, o gnomo fez sinal para que ele adentrasse sua cabana e, assim, pudesse conversar um pouco com ele. Em choque e assustado, o garoto entrou na cabana sem pronunciar uma única palavra e se sentou no colchão fofinho que estava preparado para ele. O gnomo se apresentou e começou a falar – sem parar – sobre a própria vida. Contou como era morar na floresta, cuidar dos animais, colher frutas das árvores e – o que foi ainda mais curioso – revelou que tinha o poder de ficar invisível, que podia aumentar ou diminuir de tamanho quando quisesse e que vivia com as fadas e os animais e podia conversar com eles.

Na conversa, o gnomo ainda contou que adorava frutinhas silvestres e que não comia animais, pois eram seus amigos. O bate-papo com a criatura foi tão gostoso que os dois nem viram o tempo passar: começou no início da tarde e se estendeu até o comecinho da noite; já era hora de ir para casa. Quando a avó do menino chegou para buscá-lo, ele ficou extasiado e em choque. Mal sabia ele, mas, daquele dia em diante, sua vida nunca mais seria a mesma.

Ao conhecer o gnomo, mil perguntas surgiram na cabeça do menino: como aqueles seres podiam existir e ninguém falar sobre eles? Como as pessoas ainda não acreditavam em magia sendo que ele acabara de ver, falar e compartilhar segredos com um gnomo?

A avó do menino, que sempre ouvia suas histórias com atenção, se tornou sua confidente e, mais do que isso, também revelou que ela mesma já havia visto seres mágicos vagando por aí. Será que avó e o menino tinham poderes especiais? Será que eles conseguiam ver coisas que outros humanos não enxergavam?

Desde esse dia, o menino passou a ver esse tal *mundo invisível* e escondido no meio de uma floresta. Lá havia fadas e seres brilhantes, mulheres em forma de água, como sereias dentro das ondas do mar, serpentes e lagartos de fogo dançando e saltitando através das fogueiras. O mundo, que até então era preto e branco, ficou completamente colorido e cheio de magia; encantado, igualzinho a um conto de fadas.

Mas, como nem tudo são flores, o garotinho foi julgado por acreditar nos seres mágicos. Mesmo assim, ele nunca deixou de acreditar na magia. NUNCA! Continuou estudando, se dedicando e se apaixonando cada vez mais pela energia desses seres de luz. Com o passar do tempo, descobriu que existiam outras pessoas que também acreditavam em fadas, duendes e gnomos. O que o motivou ainda mais a seguir seu sonho. Talvez não fosse apenas um delírio dele. Naquele momento, ele viu que não estava sozinho.

Esse menino se tornou um homem que segue acreditando em magia e em seres mágicos. E é essa história que vou contar a vocês: a magia pode mudar a nossa vida, e para melhor.

As práticas que vou ensinar são pessoais, vividas por mim. Apesar de ter crescido achando que não podia ser bruxo nem mago, sempre soube que havia algo de especial no mundo e, com apenas 6 anos, quando brincava de varinha mágica e caldeirão, notei que estava mesmo fazendo magia: uma magia verdadeira e cheia de luz, porque eu acreditava em mim. A verdadeira magia é acreditar! Acreditar naquilo que você deseja e, principalmente, ACREDITAR EM SI MESMO. E não se preocupe com o que os outros vão pensar. Teste sua magia, seus encantamentos, escreva seus grimórios. Sinta-se livre para desenvolver e praticar magia.

*A verdadeira
magia
é acreditar!*

PARTE I

Introdução à magia elemental

O QUE É MAGIA?

Talvez este seja mais um dos inúmeros livros que você leu sobre magia. Mas, já adianto, este não é um livro qualquer. Aqui, querida pessoa que me lê, reúno minhas práticas e vivências mágicas acumuladas ao longo de mais de vinte anos me dedicando ao universo mágico e fantástico.

Tudo é magia, se você estiver disposto a enxergar o que está bem na sua frente. A magia acontece desde o momento em que você abre os olhos pela manhã, olha para a janela e agradece. Magia é você poder transmutar e transformar as energias ao seu redor. Por isso, atenção: nunca confunda *mágica* com *magia*. Mágica é tirar coelho da cartola, esconder carta de baralho atrás do cabelo de alguém. Magia é outra coisa, e está ligada ao ato de transformar. A magia está em seus pensamentos, em suas atitudes, em tudo aquilo que você pode mudar, em tudo o que está a seu alcance. E, para acessá-la, você depende apenas da sua habilidade de acreditar.

A magia converte tristeza em alegria. E, ao se conscientizar disso, você e sua magia sem dúvida nenhuma causarão grandes transformações na sua vida, no seu dia a dia, na sua rotina. Tudo isso por meio de práticas ritualísticas diárias que utilizarão o principal instrumento mágico: a força do pensamento.

Graças a ele, você será capaz de encontrar um novo sentido ao viver em um mundo encantado.

Para fazer magia, não é necessário acender velas, ter um caldeirão de bruxa ou uma varinha mágica, mas, sim, acreditar no poder de transformar o mundo ao seu redor. Para fazer magia, você precisa acreditar que é capaz, que é importante e que pode realizar seus maiores sonhos. Tudo em que você acredita pode se tornar real.

Desde que comecei a trabalhar com a magia elemental, diversas vezes pensei estar me enganando. Como um jovem pode acreditar em gnomos e fadas? Como podemos crer que, por meio de rituais e encantamentos, somos capazes de atrair ou banir algo de nossos caminhos? Lembro muito bem quando fui fazer meu trabalho de conclusão de curso, sobre gnomos e duendes, e minha professora disse: "Victor, você não pode falar para as pessoas que vê ou conversa com gnomos! Vão pensar que está ficando louco! Pirado!". Talvez eu esteja ficando louco. Ou talvez eu sempre tenha sido meio fora da casinha mesmo. Mas, graças à crença na magia, meu mundo se tornou mais feliz e colorido.

Para mim, depois de tanto tempo, é muito triste encontrar pessoas que ainda não acreditam no poder da magia. Neste mundo feito de concreto, correria e trabalho, nada melhor do que chegar em casa e se conectar com a energia dos elementais e acalantar o próprio coração. Só a magia pode nos salvar de nós mesmos. E ela é um poder que está dentro de você; dentro da sua mente, do seu corpo físico, do seu corpo energético. É o tipo de poder para ser diariamente transformado.

Você é capaz de atuar com a magia tanto para o bem como para o mal. Só depende de você. Ela pode ser a grande amiga da sua soberba, assim como vemos nos filmes da Disney, quando bruxas e rainhas poderosas utilizam a magia de forma egoísta e acabam sempre se dando mal. Cabe a você, quando estiver em contato com a magia, definir como ela atuará na sua vida. E isso acontecerá quando você se permitir acreditar na transformação e em tudo o que a magia poderá fazer tanto na sua vida quanto na das pessoas ao seu redor.

Ao aceitar a magia em sua vida, o seu sorriso e a sua alegria, muitas vezes, incomodarão as pessoas só pelo fato de você viver num *mundo paralelo*. Isso acontece porque, para muitos, a magia é um simples balançar de varinha que faz objetos se moverem e flutuarem. Aqui, neste livro, no entanto, mostrarei que não é bem assim. Explicarei de forma simples, humilde, respeitosa e com muito amor as práticas da minha magia pessoal. A magia não tem cor, credo, classe ou religião. Ela é totalmente livre, aberta e ampla, desprovida de preconceitos, assim como é a própria natureza. É de fácil acesso para quem recorre a ela: basta colocar os pés na terra, abraçar uma árvore, sentir a chuva tocando as suas costas, a brisa do ar soprando o seu rosto e sentir a conexão com o mundo.

O QUE É MAGIA ELEMENTAL?

A magia elemental rege todos os elementos naturais do planeta Terra: o sopro dos ventos, as ondas dos oceanos, as brasas em uma lareira, os grãos de areia da praia, as ervas, flores e plantas de um jardim... Cada um desses elementos está diretamente interligado à energia da magia elemental. E esses elementos se ligam a nós de forma tanto física quanto mental e espiritual.

Mas de onde veio tudo isso?

Tudo em que você acredita pode se tornar real. Basta acreditar.

Um dos significados de elemental é "mente de Deus". Diferentemente da etimologia mais comum que sugere sua formação proveniente de "elemento + ar", com origem no latim *elementum*, uma das quatro divisões da matéria, parte constituinte, aqui a dividiremos de outra forma: "*El* (Deus criador) + mental", que seria a interligação da energia divina com a dos seres humanos. Os elementais estão ligados ao céu e à terra.

Nas crenças antigas, os elementais se encontravam cada um no próprio reino. Quando um tsunami inundava a terra, por exemplo, era a conexão dos elementais da água com os da terra; ou quando um relâmpago atingia uma árvore, era um ataque do céu à terra. Existiam guerras entre os elementais e seus mundos.

Os elementais também estão presentes em mitos e em contos de fadas de escritores renomados como os irmãos Grimm, Hans Christian Andersen, Charles Perrault e até mesmo Shakespeare.

Já a magia elemental é o contato direto da energia dos elementos (terra, água, fogo e ar) com os elementais da natureza. Cada elemento está ligado a grupos de elementais. É a energia física conectada à etérea: elemento com elemental.

Terra: gnomos e duendes;
Ar: fadas e silfos ou sílfides;
Água: sereias e ondinas;
Fogo: salamandras e vulcanos.

Por meio dessas ligações, a magia natural atua trazendo boas energias aos nossos caminhos; é a natureza conectada diretamente ao plano espiritual nos enviando boas energias e vibrações ainda melhores!

Essas histórias datam desde a Antiguidade, quando, na Grécia, por exemplo, as pessoas diziam que os faunos e sátiros protegiam a energia dos bosques e das florestas. Ou quando se referiam ao espírito das fadas que habitavam regiões onde viviam os antigos povos celtas, dizendo que ele tinha o poder de paralisar guerreiros com seu sopro gélido. Alguns estudiosos afirmam que os espíritos da natureza também estão ligados ao brahmanismo, antiga filosofia religiosa da Índia, antecessora do hinduísmo.

O que se vê é que a magia elemental existe há muito mais tempo do que os seus dedos são capazes de contar. Desde as primeiras civilizações, havia as crenças nos espíritos da natureza ou nos seres mágicos que nela moravam. Seja Egito, China, Índia ou Grécia, para esses povos, os espíritos viviam em meio à natureza, junto às árvores, aos bosques, às lagoas, aos trovões e relâmpagos, e até mesmo dentro do fogo. Os gregos chamavam os elementais de *daemon* (demônios). Entre os romanos, eram conhecidos como *Genius Loci* (Gênio Local) e eram vistos como divindades dignas de terem templos erguidos em sua honra.

Ao longo da história, civilizações de várias partes do mundo, como Grécia, Roma, Egito, China e Índia, sempre acreditaram em sátiros, espíritos e duendes. O mar foi povoado com sereias; os rios e as fontes, com ninfas; o ar, com fadas; o fogo, com lares e penates (deuses dos lares); a terra, com faunos, dríades e hamadríades. No Brasil, essas criaturas também estão presentes. Alguns personagens do folclore, como o curupira, o saci-pererê e a caipora, possuem características comuns aos elementais.

*A magia tem
o poder de nos
salvar de
nós mesmos.*

A HISTÓRIA DOS QUATRO ELEMENTOS

A teoria dos quatro elementos surgiu por volta do século V a.C., graças ao famoso filósofo da Grécia Antiga, Empédocles. Para ele, a origem do universo só poderia ser explicada pela união de vários elementos. Não importava, portanto, o que compunha esse universo: tudo era formado pelos quatro elementos. Em 350 a.C., Aristóteles reafirmou essa teoria, acrescentando um quinto elemento: o éter, a essência espiritual. Mais tarde, os alquimistas continuaram utilizando a teoria dos quatro elementos não apenas de forma física, mas também considerando aspectos energéticos, emocionais e sensoriais.

Entre esses alquimistas, estava Paracelso, que afirmava que, assim como o plano físico é habitado por um sem-fim de criaturas vivas, o plano astral, a contraparte espiritual da natureza física, também é habitado por seres peculiares chamados *elementais* ou *espíritos da natureza*.

PARACELSO, O ALQUIMISTA ELEMENTAL

Um conhecido estudioso e precursor dos estudos da magia elemental, Paracelso, pseudônimo de Philippus Aureolus Theophrastus Bombastus von Hohenheim, nascido em 1439, trouxe o embasamento dos elementais da natureza em seu livro *Liber de nymphis, sylphis, gnomes et salamandris et de caeteris spiritibus*,[1] publicado pela primeira vez em 1566.

---

1 PARACELSO. *Liber de nymphis, sylphis, gnomes et salamandris et de caeteris spiritibus*. Alemanha: Francke, 1960.

Paracelso acreditava que cada um dos quatro elementos primários conhecidos pelos antigos – água, fogo, terra e ar – era constituído por dois princípios: o sutil, vaporoso, que ele chamou de metafísico, que forma o elemental; e o de substância corporal grosseira, o mundo físico, que forma o elemento. Ou seja, cada elemento tem sua representatividade no plano físico e no plano astral. Segundo ele, assim como afirmava Empédocles e depois Aristóteles, os elementos primordiais e indestrutíveis que geram todas as coisas são o fogo, a água, o ar e a terra.

DIFERENÇA ENTRE ELEMENTO E ELEMENTAL

Dos ensinamentos de Paracelso, surge o termo *elemento*, relacionado aos aspectos inferiores e físicos dos quatro princípios primários, enquanto o termo *elemental* é aplicado às essências invisíveis, à constituição espiritual, que é aquilo que, de fato, anima os quatro elementos.

Os elementos regem a natureza física, diferentemente dos elementais que são associados à natureza etérica. Como já vimos, os quatro elementos principais da natureza são terra, água, ar e fogo, e cada um deles possui um corpo no plano físico.

Nos estudos da magia elemental, acredita-se que cada um desses elementos físicos possui um corpo etérico, conhecido como compósita, ou seja, matéria física dentro da magia elemental. Cada um desses elementos possui o próprio campo elemental, como diz uma das Lei Herméticas: "Tudo o que está em cima é como o que está embaixo". É o microcosmo associado ao macrocosmo; cada energia física e palpável está ligada a um corpo sutil e vaporoso:

Terra: sólido, receptivo e passivo;
Água: líquido, receptivo e passivo;
Ar: gasoso, projetivo e ativo;
Fogo: plasma, projetivo e ativo.

O reino elemental, diferentemente dos quatro elementos, transita em outros planos espirituais. Por outras dimensões, por outros portais invisíveis.

De acordo com Paracelso, os elementais não são considerados espíritos, pois, ao contrário destes, eles possuem carne, sangue e ossos. E também vivem, se reproduzem, interagem, dormem e acordam. Eles ocupam um lugar entre o mundo dos seres vivos e o mundo dos espíritos e se assemelham a ambos. Em comum aos vivos, têm a forma e o modo como se organizam; e aos espíritos, a sua rapidez de locomoção.

COMPÓSITA

Ainda no campo da constituição corpórea dos elementais, Paracelso chamava essas criaturas de compósita, referindo-se à sua composição: uma mistura de espírito e matéria. No caso dos espíritos da natureza, eles combinam espírito e matéria dando origem a um ser que não é nem um nem outro. São compostos de uma substância que pode ser chamada matéria espiritual ou éter.

O alquimista explica que o ser humano é constituído por diferentes corpos interagentes, cada um pertencente a um plano diferente: espírito, alma, mente, corpo. Já os elementais possuem apenas um princípio ou corpo: o etérico, feito de éter, no qual eles habitam.

A VIDA DOS ELEMENTAIS

De acordo com os estudos de Paracelso, a média de vida dos elementais fica entre 300 e 1.000 anos. Ele explica a disparidade entre o tempo de vida desses ao afirmar que ela se deve às condições ambientais semelhantes às experimentadas no mundo físico e, por isso, eles estão sujeitos a adoecer. Mesmo compartilhando o ambiente com os humanos, ao mesmo tempo em que existem no outro plano, não podem ser mortos por eles. Os elementais vivem e com o tempo vão sumindo e desaparecendo, para renascer em uma nova energia, assim como a própria natureza.

PIRÂMIDE DOS REINOS ELEMENTAIS

PLANOS DE EXISTÊNCIA E OS SERES SUTIS QUE OS HABITAM

- Divino: deuses e deusas;
- Monádico: grandes espíritos planetários;
- Átmico: mestres;
- Búdico: avatares/adeptos;
- Mental: arcanjos;

- Astral: devas e anjos;
- Etérico/Físico: elementais da natureza.

De acordo com Dorothy Louise Abrams, em seu livro *Identity and the Quartered Circle: Studies in Applied Wicca*,[2] existem quatro elementares que são tradicionalmente nomeados nas cerimônias de magia e alquimia: Gob (terra), Jinn (fogo), Paralda (ar) e Niksa (água).

Estes seriam os poderes dos elementais:

- Glamour (disfarces mundanos; formas de animais);
- Levitação;
- Invisibilidade;
- Mudança de forma;
- Capacidade de trazer sorte ou azar;
- Agilidade e perícia artesanal;
- Dons musicais desenvolvidos;
- Controle sobre o tempo e fenômenos atmosféricos;
- Conhecimento dos grandes segredos de cura, energias telúricas e tesouros ocultos;
- Capacidade de induzir sono e estados alterados de consciência.

---

[2] ABRAMS, Dorothy Louise. *Identity and the Quartered Circle*: studies in Applied Wicca. Estados Unidos: Moon Books, 2013.

O QUE TODOS DEVERIAM SABER SOBRE ELEMENTAIS

Cada um dos elementos da natureza se interliga a um elemental:

- **Os elementais do fogo** são as salamandras, que governam esse elemento trazendo ação, poder e força;

- **Os elementais das águas** são conhecidos como ondinas ou sereias, vivem no fundo dos mares e oceanos e trazem purificação e equilíbrio aos nossos sentimentos;

- **Os elementais do ar** são chamados de silfos ou sílfides, e são vistos como grandes gigantes do ar, capazes de atuar em nossa mente e criatividade;

- **Os elementais da terra** são gnomos e duendes, que trabalham diretamente com o nosso plano físico, auxiliando na prosperidade, fartura e abundância.

CURIOSIDADES SOBRE OS ELEMENTAIS DA NATUREZA

Como saber se existem elementais perto de você?

Sabe quando temos aquelas crises de riso? Que chamamos de crises de bobeira? Pois é! Dizem que quando damos gargalhadas inesperadas, sem nenhum motivo aparente, pode ser a presença de elementais próximos a nós.

Os elementais podem ser encontrados em divisões mágicas, como entre o mar e a areia da praia, em cruzamentos e bifurcações dentro de florestas. Em locais onde a água e a terra se encontram. Em pequenos tornados ou brisas de vento, quando o aroma de ervas ou flores aparece sem nem sabermos de onde. De onde menos se espera é de onde vêm esses elementais; e é onde os percebemos também. Abaixo trago uma lista de possíveis lugares em que eles podem ser encontrados:

- Elementais do ar: nevoeiro, neblina, garoa, orvalho, vales;
- Elementais da terra: desertos, brumas finas, zonas áridas, solos férteis;
- Elementais do fogo: terras vulcânicas, desertos;
- Elementais da água: geadas, granizo, chuva à beira-mar.

SINAIS DE QUE OS ELEMENTAIS ESTÃO POR PERTO

- Farfalhar das folhas de árvores/moitas;
- Redemoinhos de vento;
- Arrepios nas florestas/bosques;
- Gargalhar sem motivo;
- Movimentação na superfície da água.

EXPERIÊNCIAS COM O MUNDO ELEMENTAL

As perguntas a seguir são exercícios para verificar se você já teve alguma experiência ou vivência em conexão com o mundo dos elementais:

1) Já viu alguma luz, sombra ou movimento rápido no canto dos seus olhos?
2) Já notou o piscar de luzes ao redor de casa ou em cima de flores, árvores ou plantas?
3) Já teve crises de riso sem ao menos saber o motivo?
4) Em meio à natureza, já teve a sensação de que estava sendo observado?
5) Já aconteceu de sentir um aroma perfumado ou uma fragrância de flores sem ao menos saber de onde vinha?
6) Já sentiu mal-estar em locais úmidos ou escuros em casa? Os elementais das sombras costumam residir nesses locais.
7) Já encontrou seus animais domésticos perseguindo algo ou caçando seres "invisíveis"?
8) Tem costume de conversar com as plantas e pedir para que elas cresçam?
9) Já teve a impressão, ao caminhar por um campo aberto, de ter esbarrado em uma teia de aranha e levar as mãos ao rosto para remover fios sem que eles existissem? Teias de aranha jamais se formam à altura de nosso rosto em campo aberto, pois não têm onde se segurar.

10) Já ouviu alguma música ou algum canto proveniente de uma fonte não identificável?
11) Sonha com frequência que está ao ar livre, em locais como bosques, rios e campos?
12) Já se pegou assoviando ou cantarolando quando de repente um animal se aproximou de você? Fadas, duendes e elfos costumam assumir a forma de animais para ouvir histórias e música.
13) Já teve a impressão de ter colocado algo em um lugar e depois ele ter sumido?
14) Sente nitidamente as mudanças climáticas e atmosféricas antes que seus sinais visíveis se manifestem?
15) Já ficou hipnotizado olhando para o mar, para as árvores, ou dentro de uma floresta?
16) Já sonhou com criaturas mágicas como gnomos, fadas, unicórnios ou sereias?

O que está em cima é como o que está embaixo — nosso corpo e nossa mente estão diretamente conectados aos elementais.

PARTE 2

Os reinos elementais

REINO ELEMENTAL DA ÁGUA

O reino da água percorre a oeste a sua jornada dentro do plano emocional, o plano que rege o coração e os sentimentos. Esse reino é regido por todos os elementais aquáticos: sereias, ondinas, melusina, tritões, ninfas das águas.

A PROFUNDEZA DAS ÁGUAS

O reino da água o envolve com carinho. É nele que se pode mergulhar para buscar o equilíbrio das emoções, para limpar e purificar o que não lhe serve mais e para fazer aflorar a sua sensitividade. São as águas que o levarão a mergulhar na imensidão de seu ser, possibilitando que você encontre o tesouro que está em seu inconsciente. Elas estão correlacionadas à vaidade, e trabalham a sensitividade, aguçando clarividência e despertando amor-próprio.

A água é um condutor universal. Ela tem o poder de nos transportar para planos dimensionais, acessando outros mundos e a imensidade de nosso ser. Em antigas lendas celtas, ela é correlacionada ao outro mundo, aos ancestrais e aos que já se foram.

Para trabalhar com a energia do reino das águas, basta conectar-se com a força desse elemento. Muitas vezes, você faz isso todos os dias sem perceber: ao beber água, lavar as mãos, tomar banho. Quando fizer alguma dessas coisas, peça para a energia das águas purificar e limpar o seu corpo. O tempo todo, visualize as energias negativas saindo de você, mentalize novas energias e encha o seu ser com elas. Essa é uma prática simples e que pode ser feita diariamente para lhe trazer harmonia.

ELEMENTAIS DAS ÁGUAS

Os elementais das águas que regem nosso lindo planeta aparecem em mares, oceanos, lagos e lagoas, riachos e cachoeiras. Em diversas lendas e mitos, a água está presente trazendo magia e encantamento por meio de contos de monstros marinhos e espíritos de sereias que perseguem os marujos. Eles também fazem parte do nosso folclore e podemos encontrá-los em mitos como o da sereia Iara, que busca se vingar daqueles que lhe causaram mal, e também o do Caboclo-d'Água, criatura metade humana metade anfíbia, que habita as águas do rio São Francisco e que assusta ou barganha com os pescadores da região. As águas regem o nosso campo emocional, lidando diretamente com nossos sentimentos e nosso coração.

ONDINAS

As ondinas são uma das categorias elementais a qual Paracelso chamou de *nymphae*. As deidades desse elemento são vistas como as damas da água, ou mães do mar – quando regem mares e oceanos –, principalmente porque esse elemento tem conexão com a energia feminina. As ondinas, em geral, são descritas como figuras femininas encontradas em rios, lagoas e oceanos; um ser de água com a silhueta de mulher. A palavra "ondina" vem do latim *undina*, que significa onda.

As ondinas possuem uma energia delicada e gentil, porém podem também ser muito perigosas e agressivas caso sua energia seja desrespeitada. Quando isso acontece, elas se transformam em ondas gigantescas e em maremotos, destruindo tudo em seu rastro. São belas e vaidosas, muito semelhantes às sereias, mas, ao contrário destas, não se mostram com barbatanas: elas são as próprias ondas do mar.

Caso queira ver ondinas, basta olhar para a rebentação, e conseguirá notar as ondas com formato de corpos. Esses seres atuam no equilíbrio das emoções e, de modo direto, na conexão com nosso coração, purificando, limpando e despertando sensitividade e intuição.

SEREIAS

Das belas criaturas mágicas que habitam o universo do reino das águas, as sereias são com certeza as mais conhecidas. Normalmente, são descritas como lindas mulheres com cabeça e torso humanos e cauda de peixe. Poucos sabem, mas na origem grega da mitologia das sereias, elas eram monstros com corpo de pássaro e cabeça humana, chamadas de sirenas. Isso mesmo: pássaros que com suas belas músicas causavam acidentes e naufrágios ao atraírem marinheiros e navegantes que ficavam à mercê deles.

Em alguns mitos, também são consideradas um monstro marinho, com guelras, escamas e dentes afiados. No entanto, prefiro a imagem das sereias como criaturas delicadas e mágicas. Elas habitam as profundezas dos mares e oceanos, protegem os corais, as criaturas aquáticas e os tesouros marinhos. Podem se tornar traiçoeiras, assim como qualquer elemental que se sinta desrespeitado; as sereias são capazes de seduzir os navegantes que invadem suas moradas em busca de roubar seus tesouros.

Há algumas lendas que afirmam que as sereias podem provocar e acalmar tempestades e que elas são vistas como grandes monstros marinhos.

TRITÕES

Surgem com o mito do filho de Poseidon, visto como a imagem masculina das sereias. Eles foram popularizados desta forma: metade homem e metade peixe. Muitas vezes aparecem com um tridente em mãos – símbolo poderosíssimo usado na magia, como o visto em representações do deus hindu Shiva.

A criatura traz a representação da trindade, a força do número três e do próprio mal. Depois de um tempo, o tridente ficou associado ao diabo bíblico. Os tritões são a conexão com as forças e poderes masculinos dos mares: são sedutores, velozes, fortes, corajosos, habilidosos e também podem ser chamados de sereianos. São os reis e os senhores dos mares.

MELUSINA

Símbolo da famosa rede de café Starbucks, muitas vezes é considerada uma nixe, espírito de forma humana que vive em rios, lagos e cachoeiras. Ela pode se apresentar de várias maneiras: sereias, animais e até objetos inanimados.

A melusina possui um grande poder de atração e sedução, assim como as próprias sereias. Por ter duas caudas, representa a sexualidade feminina e o poder das mulheres.

NIXES

Seres aquáticos, metade humano e metade peixe, que vivem em belos palácios subaquáticos e se misturam com humanos assumindo uma variedade de formas físicas. Podem ser, por exemplo, belas donzelas, ou velhas senhoras, ou se tornar invisíveis. Um destes três atributos pode trair os disfarces dos nixes: são amantes da música, excelentes dançarinos e têm o dom da profecia. Adoram ser agradados com presentes; possuem uma natureza malévola em algumas mitologias, em que levam os humanos ao fundo dos mares, assim como as sereias.

SIRENAS

Na mitologia grega, as sirenas são vistas como um ser metade pássaro e metade mulher. Os mitos as retratavam como mulheres com lindas asas reluzentes e gigantes, que sobrevoavam as praias e os mares. Tinham um grito estridente que era utilizado para proteger os mares contra ataques de humanos, e também estavam sempre interligadas ao mar e à areia/praia. São seres de conexão espiritual, pela ligação "terra + água + ar". Também eram conhecidas como as musas do submundo, logo, esses seres elementais e mitológicos possuem seu lado sombrio (assim como todos os elementais).

ELEMENTAIS DO GELO

Os elementais do gelo são frios, rígidos e normalmente aparecem em regiões do Ártico ou dos países nórdicos. Estão associados aos antigos gigantes de gelo, como Ymir (gigante que aparece na mitologia nórdica).

REINO ELEMENTAL DO AR

O reino do ar surge ao leste, e conecta mente, pensamento e criatividade. É ele que traz a inspiração divina para a sua vida. Os ventos, a brisa, o ar que nós respiramos, enfim, a atmosfera como um todo rege esse reino elemental. Ele é o sopro de vida que nos conecta ao grande espírito. É dentro desse elemento que se trabalha a mente e os pensamentos. O ar rege:

- Mente;
- Foco;
- Direcionamento;
- Sabedoria;
- Estudos;
- Conhecimento;
- Lógica;
- Adivinhação;
- Viagens;
- Memórias.

O ar está diretamente conectado à mente e aos sentidos. Ele está à frente da criatividade, do foco e da concentração. Conectar-se com essa energia auxilia o direcionamento de pensamentos, melhora a memória, aguça a inteligência e o foco. A meditação também está interligada à energia do ar, pois durante a prática devemos prestar atenção no ar que entra e sai de nosso peito.

A forma mais simples de se conectar à energia do ar é sentindo a brisa do vento. Busque fazer isso em um local aberto ou próximo a uma janela; basta inspirar e sentir a energia do ar preenchendo o seu peito. Ele leva e traz energias, tem o poder de enviar mensagens e pensamentos com a brisa do vento e de encerrar e levar para bem longe tudo aquilo que não serve mais.

É a energia do ar que centra pensamentos, que estimula a criatividade para escrever, que mantém as pessoas calmas e criativas. Toda vez que precisar se conectar com o seu interior, acenda um incenso, relaxe, respire e deixe que o ar flua em seus pensamentos. Conectar-se à energia dos elementais do ar vai auxiliar você a sentir a energia desse campo vibracional. O reino do ar é regido por todos os elementais ligados aos ventos, por exemplo, silfos, sílfides, fadas, pixies, pégaso, grifos, caipora e todas as criaturas mágicas aladas. Agora apresento a você os principais e mais conhecidos elementais do ar.

ELEMENTAIS DO AR

SILFOS

São muitas vezes representados como humanoides com formato de nuvens ou fumaça. Dizem que os silfos vivem dentro das nuvens ou no topo de montanhas. Eles trazem inspiração a poetas e artistas. Geralmente, têm uma energia sutil, tranquila e delicada, porém podem ficar furiosos e agressivos, assumindo o formato de furacões, ciclones e tornados.

São grandes mensageiros do universo que levam e trazem informações cósmicas aos seres humanos na Terra. Por esse motivo, aconselho você a trabalhar com a energia dos silfos ou das sílfides (o feminino de silfos) sempre que desejar estudar, ler, escrever ou se inspirar para alguma criação.

Os silfos conectam a energia do microcosmo ao macrocosmo e a energia do pensamento à elevação espiritual, estimulando a criatividade e o intelecto, tornando a mente ágil.

Os elementais do ar também auxiliam em processos de telepatia (leitura de mentes): ao se conectar a eles, qualquer tipo de conexão mental pode ser estabelecido. Eles varrem, limpam e purificam espaços com sopro e ventania. Caso queira trabalhar para limpar a energia da casa, peça a eles para purificar o ambiente ou o local desejado.

FADAS

A palavra se origina do termo *fata*, que significa "destino". Dizem que elas têm o poder de atuar no futuro das pessoas, realizando desejos.

Essas pequenas criaturas normalmente aparecem com asas de borboleta, de pássaros ou de libélulas. Dentro de suas lendas, podem ser perigosas e traiçoeiras, controlando a mente dos seres humanos, causando ilusões ou pregando peças. Os celtas acreditavam que as fadas faziam parte do plano espiritual conhecido como *sídhe*, o local que irlandeses e escoceses acreditavam ser o lar dessas criaturas. Elas possuem o poder de transfiguração, podendo se tornar belas aos olhos de todos. Alguns mitos as classificam como criaturas horríveis.

Alguns nomes dados às práticas de magia das fadas:

- **Ceo sídhe** (névoa ou bruma das fadas): poder mágico capaz de criar uma névoa ou bruma capaz de fazer as ilhas ficarem invisíveis;
- **Ceol sídhe** (música das fadas): canção mágica com o poder de controlar, encantar e enfeitiçar quem elas quiserem;
- **Sídhe chóra** (vento das fadas): vento com capacidade de congelar ou paralisar suas vítimas;
- **Suan sídhe** (sono das fadas): poder de adormecer pessoas e animais, colocando-os em estado de transe profundo;
- **Poc sídhe** (golpe das fadas): poder de golpear a pessoa, levando-a à morte.

As práticas de magias das fadas da modernidade não são mais como as de antigamente. Hoje, elas trabalham com a criança interior dos seres humanos, operando na bondade e gentileza deles. São elas que os conectam ao perfume das flores, dos incensos e dos aromas. São delicadas e sensíveis e podem ser convidadas a auxiliar nas práticas de magia, trazendo pureza e harmonia.

Para trabalhar com a magia das fadas, basta utilizar velas de tons claros – como rosa, branco, verde-claro, azul-claro, amarelo – e flores – já que regem a primavera – e dançar com a brisa dos ventos. Elas são amantes das músicas clássicas, alegres, e de instrumentos de sopro, como a flauta e a gaita.

DICAS SOBRE AS FADAS

- Para se conectar à energia das fadas, acenda um incenso de flores para ela;
- Sempre que quiser conversar com uma fada, vá para uma janela e sussurre por elas;
- Você pode oferecer flores ou pétalas para as fadas (nos mitos e lendas, elas se alimentam de flores);
- Utilize velas coloridas para se conectar às fadas (azul-claro, rosa e verde-claro são suas cores favoritas);
- Caso esteja com dificuldade nos estudos, peça o auxílio das fadas. Acenda uma vela azul-claro e peça por força.

CURIOSIDADES SOBRE AS FADAS

Nem todas as fadas têm asas! Em alguns mitos e lendas, elas utilizam animais voadores como pássaros, borboletas e beija-flores para se locomoverem. Elas também adoram flores, doces e mel e possuem paladar infantil. Dizem que detestam comida salgada!

O termo "contos de fadas" apareceu pela primeira vez numa publicação de Marie-Catherine d'Aulnoy no final do século XVII. Antes, eram chamados popularmente de contos, não necessariamente infantis. As histórias originais eram terríveis, com muita tragédia e drama.

O QUE SÃO ANÉIS DE FADAS?

Círculos ou anéis de fadas são os nomes dados para círculos de cogumelos, flores ou pedras encontrados no meio de um bosque ou de uma floresta. Nas lendas antigas, representam locais onde as fadas se reúnem para dançar junto à natureza. São portais de energia para os chamados "outros mundos", locais onde reside o povo da paz, como as fadas são chamadas.

É por meio desses círculos que elas conseguem viajar pelos mundos. O escritor Lewis Carroll, autor de *Alice no País das Maravilhas*, traz essa referência quando a personagem Alice cai no buraco e atravessa para outro mundo, indo parar no tal País das Maravilhas, onde o tempo e o espaço operam de modo completamente diferente.

Os celtas tomavam cuidado quando entravam nos bosques à noite para não caírem nos buracos das fadas e acabarem em outro mundo. Por isso, nunca se deve pisar em um círculo de fadas, pois isso pode fazer você ir parar nesse outro mundo e nunca mais voltar.

Tenho certeza de que você já viu um círculo de fadas por aí!

EXISTEM FADAS NA SUA CASA?

Alguma vez você já viu em sua casa pequeninas luzes brilhantes? Talvez tenha percebido algo de canto de olho, ou entre os raios de sol. Isso mesmo, querida pessoa lendo este livro, esses brilhos são fadas!

Outra forma de você saber se existem fadas em sua casa é por meio dos aromas no ar: alguma vez percebeu um cheiro inesperado de flores, ervas ou perfume? As fadas têm o poder de trazer aromas pelo ar por meio de sua magia!

Mas calma, não precisa ficar com medo, elas são bondosas e só causarão dano se você as perturbar. Então, deixe as janelas abertas para que elas possam sempre circular pela sua casa.

O PORTAL DAS FADAS

Os portais mágicos surgem em diversas mitologias e contos de fadas, como buracos extradimensionais capazes de nos transportar para outros mundos.

Muitas vezes, os portais podem aparecer como buracos em árvores, círculos de cogumelos, guirlandas de flores, clareiras dentro de florestas, ou criando pequenas portas em miniaturas para representar a energia dos portais.

Ter uma representação de uma porta em seu lar faz as energias espirituais dos elementais da natureza estarem sempre circulando pelo ambiente, atraindo boas vibrações de cura, prosperidade, amor ou aquilo que desejar.

Para isso, basta ter essa representação em sua casa, consagrá-la passando pela energia dos quatro elementos da natureza e pedir para que os espíritos elementais tragam boas energias para seu dia a dia.

AFINAL, AS FADAS SÃO MALVADAS?

Em alguns mitos e lendas, as fadas são vistas como seres traiçoeiros e malvados que têm o poder de enfeitiçar os humanos e que se apresentam com uma linda aparência, porém, na realidade, são horripilantes. Elas possuem o poder de paralisar, congelar, criar ilusões e controlar a mente de quem quiserem.

*Os elementais
não são nem do bem
nem do mal,
mas uma extensão
da natureza
em sua linda
perfeição.*

Em algumas lendas, as fadas fazem negociações com os humanos, pedindo a alma deles em troca da realização de seus desejos. Algumas pessoas dizem para nunca fazer um pedido ou presentear uma fada, pois elas são capazes de escravizar você e destruir seus sonhos.

Histórias de fadas tenebrosas aparecem em alguns contos e folclores antigos; porém, existem outros contos em que elas são representadas como seres tranquilos, calmos e delicados que têm o poder de trazer inspiração, criatividade e bondade ao coração.

Desde muito cedo trabalho com a energia das fadas e, como sempre falo: o mal está nos humanos, não nos elementais.

E você, no que acredita?

PIXIES

Os pixies são muito parecidos com as fadas, mas apresentam algumas características diferentes. Normalmente são menores; usam vestes mais simples; e são encontrados em jardins, ao contrário das fadas, que costumam aparecer em florestas e bosques. São brincalhões e levados, adoram pregar peças em pôneis e cavalos, roubando-os ou fazendo tranças em suas crinas. Em geral, têm orelhas pontudas e usam chapéu. Fazem parte do folclore britânico.

Costumam ser tão pequenos que são representados com roupinhas miúdas feitas de folhagens e flores; são muito sapecas, e também podem fazer brincadeiras de mau gosto se alguém invadir seu território ou tentar caçá-los.

SPRITE

Geralmente aparecem com sua forma espiritual, que é transparente e flutuante, e são conhecidos por serem muito parecidos com as fadas. Eles podem se mostrar zumbindo, como um inseto voador, e vivendo próximo a rios, lagoas ou árvores, como uma libélula. Muitas vezes, comem insetos que ameaçam as flores e plantas ao seu redor.

REINO ELEMENTAL DO FOGO

A energia do fogo tem ligação direta com ação, paixão, transmutação e ímpeto; é o poder e a atitude para que tudo se inicie. O fogo busca a transformação e a transmutação de tudo o que está ao seu redor, sendo capaz de queimar qualquer coisa no caminho. Sua energia de purificação é muito poderosa.

O fogo representa a nossa ancestralidade. Desde antigamente é considerado um elemento sagrado, época em que muitos queimavam o corpo dos entes queridos mortos para enviá-los a outro mundo. A chama possui a conexão entre os planos físico e espiritual.

Dentro das mitologias, o fogo é o único elemento que os seres humanos não conseguem tocar, segurar e controlar; ele está diretamente conectado ao plano espiritual. Na Grécia, os antigos trabalhavam com a energia dos quatro elementos: terra, água, fogo e ar. Seus templos eram formados por quatro pilastras, e dentro de cada uma havia a pira de Héstia, a deusa grega do fogo e da lareira – uma representação da família –, mantendo o nosso coração aquecido e, ao mesmo tempo, nos abençoando. Já o povo celta trabalhava diretamente com a energia do número 3, ligados à crença de seus três mundos: o das montanhas (terra), o das nuvens (ar) e o dos mares (água). O elemento fogo para eles era algo que não podia ser controlado, sendo visto como divino e sagrado.

O reino do fogo está diretamente conectado ao campo espiritual, auxiliando nos seguintes aspectos:

- Energia;
- Desejo;
- Sexualidade;
- Poder;
- Força;
- Coragem;
- Ímpeto;
- Transmutação;
- Força de vontade.

ELEMENTAIS DO FOGO

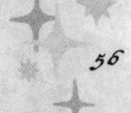

Os elementais do fogo são espíritos de energia ardente, movimentada e agitada; são impulsivos e muito poderosos. Entre todos os elementais da natureza, os do fogo podem ser considerados os mais indomáveis. Eles estão presentes dentro dos vulcões, em queimadas e até nos períodos de seca, quando não há chuva.

O fogo representa transmutação, transformação (reencarnação). Os mais conhecidos elementais do fogo são as salamandras. Os espíritos do fogo não têm noção do certo e do errado, assim como os outros elementais. Sua ação é purificar tudo o que está ao redor, por isso, tome muito cuidado para não atear fogo em sua casa enquanto estiver trabalhando com esses elementais.

SALAMANDRAS

As salamandras são o próprio fogo em um caldeirão, as labaredas em uma fogueira ou lareira. Normalmente, surgem como serpentes dançando junto ao fogo; parecem grandes caudas de dragões e possuem temperamento impetuoso, poderoso e forte.

Salamandras, segundo o *Tratado sobre os espíritos elementais*, de Paracelso, são os elementais do fogo, que ele também chama, em latim, de *vulcani* (ou, no singular, *vulcanus*). No tratado, esses elementais também podem ser vistos em pequenas bolas de fogo que dançam sobre as casas e os campos durante as tempestades e no fogo-fátuo.

Estão presentes dentro de uma simples chama de uma vela ou no mais devastador dos incêndios (provocados pelos humanos ou de forma natural); sua energia provém do núcleo da terra: o magma.

No corpo, as salamandras representam o coração e o calor do espírito, a vontade de viver, dançar e celebrar. Estabelecer a conexão com elas o estimulará a estar sempre pulsando energias positivas e alegres ao seu redor.

VULCANOS

Vulcanos ou etneus são conhecidos como os espíritos do fogo, aqueles que habitam os vulcões. São espíritos inteligentes, que atuam dentro do magma da terra, trazendo o poder do fogo nas grandes montanhas de lavas.

Podem ocasionar a perda da vontade de viver, ou desistência da conquista dos sonhos ou da busca pela felicidade. Ao mesmo tempo, a energia do fogo exagerada pode causar raiva, impulsividade, compulsividade ou ira. O fogo não controlado pode causar sua autoflagelação.

Os vulcanos possuem personalidade forte e poderosa, e protegem a entrada de cada um dos vulcões, onde são encontrados.

GÊNIOS – JINNS

Os gênios, também conhecidos como jinns, são seres mágicos que vivem em planos elementais de ar, fogo, terra e água. Surgiram dentro da mitologia árabe, eram todo-poderosos e eternos, e se acreditava-se que ajudavam pessoas a obter riquezas ou que as auxiliavam nos problemas do cotidiano. Eles têm o poder de caminhar pelos planos, tanto o dos humanos quanto o do mundo espiritual, realizando desejos. Também podem ter experiências humanas, como se apaixonar ou ter relações sexuais, o que tem o potencial para gerar grandes confusões. Não podem fazer mal ou bem às pessoas; foram criados como nós. Serviram de inspiração para diversos poetas, filósofos e profetas.

Eles possuem poderes capazes de formar tornados, que usam para atacar seus inimigos. Sua agilidade em voo faz com que seja quase impossível capturá-los. Sua natureza é amigável, mas podem chegar a ser esnobes com seres que, diferentemente deles, precisam de asas para voar. São associados aos elementos ar e fogo.

Com sua magia, conseguem criar comida e bebida, objetos de madeira ou metal, fazer ilusões, se tornar invisíveis e adotar uma forma gasosa. Os jinns nobres são um tipo de gênio que concede três desejos e, uma vez concedidos, fica livre de seu invocador.

DRAGÕES

Os dragões são seres mitológicos antigos representados como criaturas colossais e muito poderosas, regendo não apenas a energia do fogo, mas também a dos quatro elementos da natureza. Sua imagem é uma das mais fortes e conhecidas entre os seres do mundo invisível. A palavra "dragão" é originária do termo grego *drákōn* e é usada para definir grandes serpentes.

Suas energias estão correlacionadas também às suas escamas, que geram seus atributos. Dividem-se por tipos:

- **Vermelhos:** do fogo, da chama e das lavas;
- **Azuis:** dos oceanos, das águas e dos mares;
- **Verdes:** regem as florestas, os bosques e a natureza;
- **Brancos:** regem a energia da luz, gerando proteção e purificação;
- **Negros:** regem as trevas, a escuridão e as sombras;

- **Roxos:** regem a energia espiritual, mediunidade e intuição;
- **Dourados:** conectam-se com a energia solar;
- **Prateados:** conectam-se com a energia lunar;
- **Cor de arco-íris:** conectam-se com todas as cores, surgem com uma escama furta-cor e relacionam-se a todos os elementos.

VELAS

Sempre que uma vela é acesa, um portal se abre para o mundo dos elementais. Não é preciso temer: sempre que o círculo mágico (veja a página 114) estiver traçado, você estará protegido contra qualquer tipo de energia indesejável.

A vela é um gesto simples e prático de conexão com o plano espiritual. Pode ser utilizada para fazer pedidos, agradecer, conjurar encantamentos ou feitiços. Sempre que uma vela é acesa, os elementais do fogo estão presentes; às vezes com menor intensidade, outras vezes com grande intensidade. Provavelmente, você perceberá isto com o tempo: muitas vezes, mesmo colocando velas ou álcool em seu caldeirão, o fogo permanecerá fraco. Assim como outras vezes ele aparecerá muito forte e descontrolado. Isso ocorre porque os elementais possuem energia, humor, comportamento e sentem as energias ao seu redor.

REINO ELEMENTAL DA TERRA

O reino da terra inicia sua jornada dentro do plano físico; o ponto mais próximo da energia dos humanos. Os elementais da terra regem:

- Saúde;
- Finanças;
- Prosperidade;
- Alimentos;
- Aterramento;
- Estabilidade;
- Cura;
- Animais;
- Equilíbrio.

O reino da terra é regido por todos os elementais terrestres: gnomos, duendes, trols, goblins, brownies, leprechauns, entre outros.

ELEMENTAIS DA TERRA

Os elementais da terra pertencem aos bosques, às florestas, aos templos floridos e aos jardins e vivem entre as árvores, plantas e flores. Eles regem a magia dos cristais, das ervas, da fauna e da flora. Cuidam dos animais, dos seres que vivem entre eles, trazendo equilíbrio e estabilidade por onde caminham. Os elementais da terra estão diretamente ligados à energia da saúde do nosso corpo físico. Também estão ligados à prosperidade, finanças, fertilidade, abundância, fartura e dinheiro em geral. Estão interligados com a energia do alimento, da comida, de grãos, frutas e sementes. Eles são a própria vida da terra e vão te auxiliar nas práticas de aterramento energético, de centramento, de equilíbrio e de estabilidade.

Dentro do mundo elemental da terra, podemos citar os gnomos, muitas vezes confundidos com os duendes, anões ou homens pequeninos. Dentro de cada folclore ou cada região, esses seres da terra são descritos de certa maneira. Por exemplo, alguns gnomos são descritos como tendo orelhas pontudas, outros como tendo 15 centímetros de altura, ou até mesmo 1,20 metro de altura, mais gordinhos, barbudos ou usando um chapéu pontudo. O que importa, na verdade, é a conexão espiritual com esses elementais da terra.

A visualização de qualquer ser elemental ocorre por meio da clarividência, que significa ver claramente. É possível enxergá-los pelo terceiro olho (entre o chacra frontal) ou até a olho nu. Quanto maior sua conexão com a energia dos elementais, mais fácil será seu acesso a eles. Mas a dica que eu dou é: não corra atrás das borboletas, deixe que elas venham até você. E quando menos esperar, esses elementais se apresentarão. Não force isso. E não esqueça: não é porque não os vê que eles não estão aí. São como os ventos: podemos sentir, mas não tocar. É como a brisa do sol, que aquece o coração sem que seja preciso fazer algo. São como as ondas do mar, que vem e vão sem que se espere. São como o caminho que se abre à sua frente no momento em que você se sente perdido.

Os elementais da terra regem artesões, trabalhos manuais, artesanato em geral. Pessoas que têm práticas em cozinhar, cuidar de jardim, plantar e, em geral, criar com as mãos (desenhar, pintar etc.). Esses profissionais têm sua energia ligada diretamente a esses elementais, e você pode pedir auxílio a eles em todos esses trabalhos. Com certeza eles ajudarão você de forma muito eficaz.

A terra é a ligação com a nossa própria mãe, a Mãe Terra, conhecida como Gaia, *pachamama*. Os filhos da Mãe Terra são todos os elementais. Terra é o nosso planeta e estamos dentro dele. A Mãe Terra estará sempre de braços abertos para nos receber. Tudo o que a gente necessita está na terra, na própria natureza. Esses elementais são pequenas estrelas dentro da imensidão desse céu e cada vez que você se conecta com uma dessas estrelas, fazendo o que ela deseja, ela vai realizar o que você quiser! As estrelas são infinitas, assim como os elementais da terra, e o acesso a elas está à sua frente.

Pois bem. Para se conectar com a energia dos elementais da terra, você não precisa de muito. Basta se conectar com seu próprio corpo, senti-lo. Deite-se sobre a grama, abrace uma árvore, coloque o pé na terra, no chão ou na areia; sinta-se vivo! Essa é a conexão com a terra, a terra que traz vida. Além disso, a terra filtra, limpa e equilibra as suas energias.

Os cristais utilizados em práticas mágicas são frutos dos elementais da terra. São as sementes cósmicas com que nossa Mãe

*A terra filtra,
limpa e equilibra
as nossas energias.*

nos presenteou. Os cristais, juntamente com todas as forças da natureza, trazem aos nossos caminhos a estabilidade, o equilíbrio, o relaxamento e a purificação. Vale lembrar, no entanto, que, apesar de cristais serem diretamente ligados à energia da terra, por terem a sua matéria sólida, eles também regem os quatro elementos, afinal, são provenientes da terra, do elemento terra. Eles se energizam com o raio de sol, sendo que alguns se formam por origem vulcânica, o que representa o elemento fogo; recebem o elemento água da chuva ou água dos mares, riachos e cachoeiras; também são moldados e tocados pela brisa do vento, alinhando-se com o elemento ar. As ervas também recebem todos os quatro elementos, e precisam do oxigênio, precisam do sol, precisam da terra viva, precisam da água da chuva... é a chamada fotossíntese.

Isso tudo, na verdade, mostra que somos a semelhança da natureza. Não nos tornamos completos com um só elemento; fazemos parte dele, mas necessitamos dos outros. Nós somos um todo.

Nos próximos capítulos, você terá acesso a algumas dicas sobre como utilizar os cristais com os elementais da terra. Agora, porém, vamos falar sobre os elementais terrestres!

GNOMOS

O mais antigo texto que se conhece mencionando esse ser é o *Liber de nymphis, sylphis, gnomes et salamandris et de caeteris spiritibus*, já citado. Na sua classificação dos espíritos elementais, Paracelso os divide em quatro tipos: as salamandras (do fogo), as ondinas (da água), os silfos (do ar) e os gnomos (da terra). O nome, segundo alguns autores, pode vir do latim medieval *gnomos*, originado do grego clássico *gnosis*, "conhecer". Outra teoria é de que venha do grego *genomas*, "terrestre".

Em 1583, a palavra *gnome* passou a figurar nos dicionários franceses, com o significado de "pequenos gênios deformados que habitam a Terra".

Conhecidos pelos seus poderosos encantamentos e grande habilidade de lidar com cristais energéticos, os gnomos ganharam fama pela sua grande inconfiabilidade e sua extrema capacidade de atiçar a curiosidade das pessoas contando histórias de locais inexplorados, cheios de ouro. São pequenos, alcançando no máximo 1,34 metro, e pesam entre 20 e 30 quilos. Os gnomos possuem narizes grandes e arredondados, olhos aguçados e cabelos longos que chegam facilmente a se arrastar no chão quando não são cortados. Eles têm pele cinza e cabelos violeta, mas, não raro, a cor dos fios pode ser azul ou vermelho, até mesmo branco. Os olhos variam na mesma gama de cores. Como raça, são unidos, mas muito atrapalhados.

São nômades, vagam em caravanas confusas, cheias de penduricalhos e remendos. A sociedade dos gnomos é cheia de regras aparentemente inúteis, mas muito importantes na vida deles. Apesar de tudo isso, são bons lapidadores, e a maioria das joias mágicas que você encontrará em sua jornada será de fabricação gnômica. Caso você encontre uma dessas joias à venda, não hesite em comprá-la. Vale a pena possuir qualquer joia encantada por um gnomo. Entretanto, infelizmente, elas não são baratas.

O morango, a cereja, a groselha e a amora silvestre são suas frutas preferidas. E não as comem como sobremesa – já começam as refeições com elas. Assim como em alguns países da América Latina, entre eles a Colômbia, os gnomos começam a refeição com uma salada de frutas.

Gnomos da Floresta são os mais conhecidos entre as espécies de gnomos. Normalmente são encontrados em florestas ou

Nós temos um pouco de cada um dos elementos em nosso ser, sempre busque o equilíbrio entre eles.

bosques colhendo frutas, cuidando das ervas e em busca de apetrechos para a própria casa. Costumam estar com um grande chapéu vermelho para que os animais os vejam de longe, protegendo estes de ataques de predadores. Utilizam botas grossas com pelos para se aquecer nas noites de inverno.

Costumam entrar entre raízes de árvores para observar caçadores e pregar peças em quem adentra seu território. São fortes e resistentes, e conseguem levantar até sete vezes o peso do próprio corpo.

Quando estiver em uma floresta, olhe para todas as folhagens e repare em pequenos pontos se movimentando, folhas se mexendo sozinhas, pequenas luzes brancas como se estivessem sobrevoando as árvores... esses movimentos podem sinalizar a presença de Gnomos da Floresta.

Caso queira atrair essas criaturas para perto de você, esteja sempre cuidando de seu jardim (independentemente do tamanho dele!). Faça oferendas com maçãs e nunca tente persegui-los – eles virão até você quando menos esperar.

DUENDES

São criaturas do folclore ibérico, latino-americano e filipino. O termo espanhol *duende* originou-se como uma contração da expressão "dueño de casa" ou "duen de la casa", que significa, em tradução literal, "dono de casa". Foi originalmente conceituado como um espírito travesso que habita os lares.

Eles são alegres, amam festas, crianças, danças e músicas. O comportamento, em geral, tem como base atitudes humanas, uma vez que vivem bem próximos de nós. Essa aproximação sempre é favorecida quando o ser humano está mais frágil e sensível. Os duendes são ligados à terra e geralmente conseguem controlar imprevistos da natureza. Vivem vários anos e chegam a constituir famílias. Adoram comer e fazer brincadeiras, como esconder objetos. Alguns possuem orelhas grandes e pontudas e grande quantidade de pelos no corpo. Quando confiam nos homens, se tornam fiéis e grandes protetores.

Diferentemente dos gnomos, são brincalhões e serelepes. Surgem com orelhas pontudas e corpos compridos. Já os gnomos se apresentam com um chapéu pontudo, barba e um aspecto mais velho e comportado.

Sua origem exata é desconhecida, mas as criaturas mais antigas parecidas com os duendes são os goblins, que surgiram com elfos e outros seres de lendas das mitologias europeias. As primeiras histórias com essas criaturas são antigas, mas eles só receberam esse nome no século XIII, quando a palavra "duende" passou a fazer parte do vocabulário espanhol. Há várias criaturas similares em outros países. Nos contos medievais irlandeses do século XIV, nasceu o leprechaun, um anão que esconde um pote de ouro no fim do arco-íris.

Duendes, segundo lendas, possuem poderes sobrenaturais, desafiando as leis naturais da Física, como: atravessar paredes, se locomover em alta velocidade e até se teletransportar.

LEPRECHAUNS

Figura mitológica do folclore da Irlanda, o leprechaun, leprecaun ou sapateiro, é apresentado como um homem pequenino, medindo de 30 a 50 centímetros de altura, sempre ocupado a trabalhar num único pé de sapato no meio das folhas de um arbusto. Ele é tido como o sapateiro do povo das fadas e dizem que faz só dois sapatos por ano. Também é associado aos gnomos ou duendes. Geralmente vive em pequenos arbustos, bosques ou florestas. O nome "leprechaun" possivelmente se originou do gaélico *luacharma'n*, que significa "meio-corpo", no sentido de pequeno; ou *leith brogan*, que significa "sapateiro". Outra interpretação para a origem do termo seria a de que leprechaun vem de *Luch--chromain*, gaélico para "pequeno Lugh corcunda".

Os leprechauns são considerados guardiões ou conhecedores da localização de vários tesouros escondidos. Para obter tais tesouros (normalmente um pote de ouro), é preciso capturar um leprechaun e não o perder de vista nunca, caso contrário, ele desaparece no ar.

Os leprechauns são descritos como seres alegres e que se vestem à maneira antiga, com roupas verdes, com trevos de três ou quatro folhas, avental de couro e sapatos com fivelas. Além do seu cachimbo, estão sempre acompanhados pelo seu pequeno, velho e gasto martelo. Eles são frequentemente associados ou confundidos com os cluricauns, que são como seus primos, criaturas mágicas que habitam adegas e depósitos de vinho. Segundo alguns autores, esses dois seres encantados poderiam até ser duas formas diferentes do mesmo ser, tomadas em diferentes momentos do dia ou do ano. Os leprechauns não gostam de humanos e têm medo deles, mas, quando os veem com boas intenções, os presenteiam com um par de sapatos. Os sapatos que eles fazem são muito bonitos e feitos de materiais naturais, como flores e gotas de orvalho.

CLURICAUNS

Os cluricauns são vistos como primos dos leprechauns, muito próximos da sua energia, porém com um pezinho na cachaça. Esse ser é associado aos barris de cerveja e às bebidas, vive em adegas escondido dentro dos barris e adora beber e festejar. Caso perceba que em sua casa muitas bebidas somem, garrafas desaparecem, pode ser que um cluricaun more em seu lar!

Durante suas bebedeiras, eles adoram aprontar: montam em animais como cachorros e gatos e cavalgam neles como se fossem cavalos. São muito sapecas, mas também trazem boas energias para a casa.

Suas oferendas são cerveja preta, vinho e uísque. São criaturas bondosas e divertidas, mas, assim como muitos, eles não possuem limites e às vezes bebem por dias seguidos.

BROWNIES

Esses elementais adoram doces e comidas! Vivem aprontando em nossas cozinhas, roubando pedaços de bolos ou guloseimas. São tranquilos e pacíficos, mas nunca tire um doce de um brownie, pois ele pode ficar revoltado e virar uma criatura malvada que vai aprontar com você!

São conhecidos como duendes ou espíritos domésticos e têm origem no folclore inglês e escocês. Normalmente, habitam os lares, onde costumam cuidar da casa enquanto os donos dormem. São exímios costureiros, artesãos e faxineiros. Tais atividades são feitas em troca de oferendas como um copo de leite – seu alimento favorito –, aliás, tudo o que vem do leite, como manteigas, bolos e pães. Se uma roupa é oferecida aos brownies, eles se sentem ofendidos, abandonam a casa sem deixar rastro e podem causar uma grande bagunça antes de partir.

São descritos como pequenos homenzinhos de pele amarronzada que medem entre 30 e 60 centímetros de altura, normalmente são mais ouvidos do que vistos – por exemplo, de madrugada. São espíritos benéficos e prestativos, podendo se tornar malignos se contrariados.

Estes seres domésticos são muito associados aos duendes ou a outras criaturas mitológicas dentro de alguns folclores como o tomte escandinavo, o heinzelmännchen alemão e o domovoi russo.

Mais alguns brownies

Buca
É uma variação galesa de brownie que ajuda a bater a manteiga. Se for insultado, agirá como um espírito que causa muita bagunça em sua casa, atirando coisas e batendo nas paredes. Pode chegar a beliscar ou bater em quem o aborrece. Em suas lendas, o buca odeia pessoas que não bebem álcool e que têm o nariz comprido.

Fenodoree
Conhecido da Ilha de Man, é um ser forte e muito bem-disposto que trabalha duro. Não é muito inteligente e pode se ofender caso um humano o presenteie com roupas.

Kilmoulis

Do folclore anglo-escocês, esse tipo de brownie habita moinhos e executa trabalhos. Como é muito brincalhão, às vezes atrapalha mais do que ajuda. É muito feio, tem olhos miúdos e um nariz enorme que dá a impressão de que ele não tem boca.

CRISTAIS, AS JOIAS DOS ELEMENTAIS DA TERRA

Os cristais são as joias de todos os elementais da terra, considerados grandes gemas de magia com o potencial de trazer diversos benefícios para o seu caminho. Como costumo dizer que cristal nunca é demais, independentemente da natureza, formato, cor, tamanho e origem, é sempre bom ter um cristalzinho por perto. É ele que vai manter a magia acesa em você e na sua casa e, mais que isso, vai fazer as boas energias fluírem suavemente pela sua vida.

Providencie cristais para ontem, meu bem. Mas, antes, entenda por que eles são tão especiais.

PRINCIPAIS CRISTAIS E SUAS ENERGIAS MÁGICAS

- **Ágata de fogo:** força, coragem, poder, transmutação, sexo, libido e força de vontade;

- **Ágata negra:** proteção, limpeza e purificação;
- **Água-marinha:** proteção em viagens, contra ansiedade, paz, harmonia, limpeza, purificação e conexão com as sereias;
- **Amazonita:** cura, força das amazonas, renovação, energia feminina, alegria e conexão com os elementais da terra;
- **Ametista:** transmutação, limpeza, calma, tranquilidade, purificação e paz interior, contra ansiedade e conexão com o éter;
- **Angelita:** proteção, paz, tranquilidade, conexão com os anjos e elementais do ar;
- **Aragonita:** aterramento, contra pesadelos, proteção, limpeza, centramento e conexão com os elementais da terra;
- **Aventurina (quartzo verde):** saúde, calma, sorte, cura e bem-estar no geral;
- **Cacoxenita:** conexão com o plano espiritual, meditação, intuição e magia;
- **Calcedônia:** limpeza, purificação, união, estimula o instinto materno e cura feridas;
- **Calcita laranja:** autoestima, alegria, vitalidade, felicidade e conexão com as salamandras;
- **Cianita azul:** proteção, limpeza, corte de energias negativas, equilíbrio e purificação;
- **Cianita negra:** banimento, proteção, limpeza energética e remoção de obstáculos;
- **Citrino:** proteção, fartura, abundância, prosperidade e dinheiro;

- **Cornalina:** vitalizante, revigorante, relaxante, remove medos, favorece sucesso e contra inveja;
- **Crisocola:** cura, revigorante, saúde, partos, harmonia, tranquilidade e força;
- **Cristal de enxofre:** remove energias indesejáveis e vampiros energéticos, purificação;
- **Fluorita:** concentração, criatividade, cura, transmutação, sorte e proteção;
- **Granada:** vitalidade, libido, poder, coragem, autoestima, sucesso e proteção;
- **Hematita:** proteção, reduz timidez, gera segurança, força, coragem e escudo de proteção;
- **Howlita:** calmante, conexão com os ancestrais, bons sonhos e contra ansiedade;
- **Jade:** pureza, proteção, longevidade, sorte, paciência, harmonia e paz;
- **Jaspe amarelo:** coragem, sabedoria, prosperidade, fartura, sorte e abundância;
- **Jaspe dálmata:** contra brigas e discussões, harmonia, otimismo e equilíbrio;
- **Jaspe vermelho:** força, poder, libido, coragem, autoestima e motivação;
- **Labradorita:** magia, reequilíbrio energético, poder e combate medos e inseguranças;
- **Lápis-lazúli:** autoestima, harmonia, estudos, foco e intelecto;
- **Larimar:** amor, paz, tranquilidade, meditação e harmonia;
- **Leopardita:** verdade, força, fala, comunicação e remove mentiras;

- **Magnetita:** proteção, amor, boa sorte e contra energias negativas;
- **Malaquita:** gera movimento, cura, harmonia e reequilíbrio;
- **Obsidiana:** auxilia a enxergar os próprios defeitos, proteção, poder pessoal, limpeza e purificação de energias indesejáveis;
- **Olho-de-falcão:** poder, coragem, traz a sabedoria dos ancestrais, força, proteção e desperta capacidades psíquicas;
- **Olho-de-gato:** intuição, proteção de ataques psíquicos, serenidade, confiança e atrai boa sorte;
- **Olho-de-tigre:** libera seu maior potencial, aguça os sentidos, força, proteção, afasta pesadelos, medos, pânico e traumas;
- **Ônix:** segurança em relacionamentos, proteção, força, remove impulsividade e raiva;
- **Pedra-da-lua:** conexão com a energia feminina, intuição, sensitividade e clarividência;
- **Pedra-do-sol:** conexão com a energia masculina, força, poder, coragem e prosperidade;
- **Pirita:** abundância, dinheiro, prosperidade, fartura, alegria, realizações e sucesso;
- **Quartzo azul:** cura emocional, equilíbrio e paz mental, purificação, foco, visão e limpeza energética;
- **Quartzo leitoso:** paz, limpeza, tranquilidade e dissipa energias indesejáveis;
- **Quartzo rosa:** amor-próprio, perdão, carinho, sedução, romance e alegrias;
- **Quartzo rutilado:** prosperidade, proteção, fartura, autoestima e abundância;

- **Quartzo transparente:** conhecido como um quartzo coringa por possuir a energia dos sete raios em sua luz; traz paz, tranquilidade, proteção, transmutação e concretizações;
- **Rodocrosita:** amor e compaixão, favorece relacionamentos amorosos, gera cura emocional, elimina medos irracionais e libera sentimentos reprimidos;
- **Rosa-do-deserto:** abre o coração para maiores potenciais;
- **Selenita:** limpeza, calma, luz, paz e tranquilidade;
- **Sodalita:** foco, estudo, concentração, visão, calma, paz e harmonia;
- **Turmalina negra:** dissipa energias negativas, repele inveja e mau olhado, neutraliza energias e vampirismo energético;
- **Unakita:** cura, perdão, amor, saúde, liberta as emoções e remove teimosia e efeitos de poluição eletromagnética;
- **Vulcanita:** iluminação, calmante, foco, soluções rápidas, direcionamento para boas energias.

Curiosidades sobre a ametista

A ametista é a preferida dos amantes dos cristais. Além de trazer tranquilidade e transmutação de energias, ela possui diversas lendas e propriedades mágicas! Dizem que se você dormir com uma ametista dentro do travesseiro, sonhará com seu príncipe encantado (vamos torcer para que não apareça nenhum ex--namorado no sonho!).

Ainda falando de sono, esse cristal também é ótimo contra a ansiedade. Basta colocá-lo dentro de um jarro de água e tomar ao acordar.

Ela ainda protege contra espíritos maléficos. Um pingente de ametista age como um escudo protetor contra falsianes e energias negativas. Utilize e, sempre que desejar purificá-la, passe um incenso de sua preferência nela!

Na mitologia grega, Ametista era o nome de uma mulher que se tornou vítima da ira do deus Dionísio. Ao ser rejeitado, o deus do vinho lançou tigres raivosos contra ela. Em solidariedade à moça, a deusa Ártemis a transformou em um cristal transparente para protegê-la do ataque dos animais.

Coisas que você precisa saber sobre o quartzo transparente

Ele é conhecido como o grande quartzo "coringa", pois serve para diversas finalidades. Na Antiguidade, ele era usado como ponta de varinha mágica para fazer encantamentos ou em ritos cerimoniais. Sempre que desejar substituir algum cristal, utilize esse quartzo!

Ele é um dos cristais ligados ao raio branco de cura, luz e espiritualidade e ajuda a remover toda energia negativa e a trazer uma sensação de paz e tranquilidade. O quartzo transparente é ótimo para desbloqueio energético, auxiliando para que ocorra harmonia entre todos os chacras, o que permite um melhor funcionamento do corpo.

Ele desbloqueia pensamentos, clareia a mente, relaxa e traz uma limpeza constante de energia. Por essa razão, ele é ótimo para facilitar o acesso ao estado meditativo. Para isso, deixe o cristal de quartzo transparente próximo quando for meditar.

Esse cristal também facilita a conexão com os elementais da natureza; caso tenha a imagem de algum elemental em sua casa, deixe-os próximos. Lembre-se de limpar seus cristais sempre que possível com incensos, água corrente e banhos de sol.

A lenda do cristal rutilado

Era uma vez um gnomo muito desajeitado que estava perdidamente apaixonado por uma fada da floresta.
A fada, por sua vez, não ligava para o pobre gnomo, que vivia um amor de ilusões por ela. Certo dia, a fada cortou os lindos cabelos na beira do rio e o gnomo, para ter uma lembrança de seu amor, petrificou os fios de cabelo.
Ao ver o ato de tamanho amor, ela se apaixonou pelo gnomo.
O cristal rutilado é utilizado para realizar desejos impossíveis, basta mentalizar seu desejo nele.
Proporciona fartura, sucesso, amor, melhora o raciocínio lógico e o direcionamento de seus sonhos.

ELEMENTAIS DAS SOMBRAS

Os elementais das sombras, por serem chamados assim, são associados ao mal, mas eles não estão diretamente ligados a dualidades, um bem e um mal, já que assumem uma energia neutra. Recebem esse nome pois podem ser encontrados na penumbra e na noite escura, em casas, locais abandonados, igrejas ou portas de cemitérios e, até mesmo, em florestas escuras ou bosques selvagens. Preferem locais vazios e silenciosos. Não gostam de lugares movimentados ou barulhentos.

Remetem à silhueta de um humano, sendo muitas vezes confundidos com um espírito ou um fantasma. Os elementais das sombras estão diretamente ligados aos deuses e deusas das trevas. Os elementais das sombras não pertencem a nenhum dos reinos elementais anteriores.

MAIS ALGUNS SERES ELEMENTAIS

AKHEKH (EGITO)

Esse dragão é originário do Egito e também é conhecido como Akhekhu. É caracterizado como uma besta fantástica com um longo corpo serpentino com quatro patas para apoiá-lo. Acreditava-se que vivia em locais remotos do Egito, principalmente ao lado do Vale do Nilo, nos arredores do deserto.

ALKONOST (RÚSSIA)

É o pássaro do paraíso na mitologia eslava. Tem corpo de pássaro e rosto de mulher.

ANÕES (NÓRDICO)

Os anões aparecem frequentemente nos mitos e lendas nórdicos e germânicos, que relatam que eles têm seus próprios chefes e atribuições diversas. Os anões germânicos habitam as montanhas e são associados a sabedoria, mineração e artesanato.

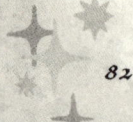

ASRAI (INGLATERRA)

Do folclore inglês, são criaturas raras que vivem na água e só vão à superfície uma vez a cada cem anos. Elas crescem apenas à luz da lua e, se expostas ao sol, dissolvem-se na água e nunca mais são vistas.

AZIZA (ÁFRICA OCIDENTAL)

São fadas tímidas, originárias da África Ocidental. Apesar de retraídas, são também prestativas e ensinam as pessoas a usar o fogo e a se tornarem melhores caçadoras. Não são nada gentis com pessoas que não mostram amor e cuidado pelos animais e pela natureza.

CHANGELINGS E CRIANÇAS TROCADAS (ISLÂNDIA)

Reza o folclore tradicional europeu que, de tempos em tempos, as fadas, e outros elementais, saem em busca de uma bela criança de pais muito orgulhosos. Mas não é um simples sequestro – no lugar da criança que levam para o mundo das fadas, elas deixam um bebê de sua própria espécie.

A esses bebês trocados, davam o nome de *changelings*. Eram considerados seres humanos nascidos com alma feérica. Tais mitos e relatos foram, na época, a única explicação palpável para crianças com autismo ou que nasciam com qualquer tipo de deficiência. Diziam que elas receberam "o toque das fadas". Muitas vezes, eram crianças absurdamente inteligentes, algo que só podia ser obra do mundo das fadas. Tinham visões, falta de interesse social, aversão ao toque ou ao contato visual, entre outras características.

Nas lendas, dizem que para afastar as fadas e evitar que sua criança seja trocada, basta deixar um casaco virado do avesso ao lado do berço, ou até mesmo uma tesoura aberta no quarto da criança, para afastar o perigo da troca. Mas cuidado para ninguém se machucar, hein!

As fadas buscavam ter uma criança humana com elas para que pudessem reproduzir com os humanos e compreender um pouco mais do nosso mundo. Dizem também que faziam isso porque gostariam de ter uma criança humana junto a elas como serva.

DAEVA (HINDU)

Seu nome quer dizer "anjo que brilha", mas, ao mesmo tempo, pode ser uma referência ao demônio da mitologia persa.

DIABRETES (ALEMANHA)

Diabretes são seres mitológicos do folclore alemão, semelhantes a uma fada ou a um demônio. Geralmente, eles são descritos mais como seres arteiros do que como ameaçadores. Dizem que eles são mais inofensivos do que os seres sobrenaturais mais conhecidos.

DIRAWONG (AUSTRÁLIA)

Na mitologia aborígine australiana, é conhecido como um ser benevolente que protege seu povo da serpente arco-íris, criatura que habita certos poços de água.

ELFOS (ESCANDINÁVIA)

Criaturas mágicas famosas e conhecidas nos mitos de Tolkien. Muitos afirmam que eles vêm da mitologia nórdica ou germânica. São vistos como seres dotados de inteligência e sabedoria, possuem dons de cura e são muito belos. Essas antigas criaturas emanam energias de sabedoria, de estudos, de longevidade e de beleza. Podem ser feitos rituais e encantamentos aos elfos para atração, cura, saúde, entre outros.

FAUNO (FAUNO)

Fauno é um ser mágico protetor de rebanhos e pastores, identificado como deus Pã na mitologia grega. Basicamente, tem torso e cabeça de homem e corpo de bode, usa pele de cabra e uma coroa de folhas. Ele também carrega um vaso em forma de chifre, representando a fertilidade. Há algumas versões de Fauno em que ele possui chifres.

FÊNIX (EGITO)

A fênix é um pássaro da mitologia grega, apesar de ser um símbolo mitológico presente há milênios em várias outras culturas, que, quando morre, entra em autocombustão e, passado algum tempo, ressurge das próprias cinzas.

FÚRIAS (GRECO-ROMANO)

Na mitologia greco-romana, eram divindades femininas do submundo, personificações da vingança e da raiva das pessoas que morreram prematuramente. Enquanto Nêmesis (deusa da vingança) punia os deuses, as fúrias, ou erínias, puniam os mortais. Eram três: Tisífone, que vingava assassinatos perpetrados entre familiares, açoitando os culpados ao ponto da loucura; Megera, a personificação do rancor, da cobiça, da inveja e do ciúme, que castigava delitos dentro do matrimônio, perseguindo a vítima e gritando a todo momento em seus ouvidos; e, por fim, Alecto, que espalhava pestes e maldições e era encarregada de punir aqueles que praticavam delitos morais como ira, soberba e cólera, não os deixando dormir em paz.

GATO-SITH (ESCÓCIA)

Um gato preto mágico com uma mancha branca no peito que surge na mitologia celta e figura em contos e folclores escoceses e irlandeses. Alguns dizem que o gato-sith é, na verdade, uma bruxa disfarçada que pode se transformar em gato nove vezes. Na véspera do Dia de Todos os Santos, 31 de outubro, dizem que ao oferecer um pires com leite a essa criatura, ela abençoará a pessoa e todos que habitam na casa.

GHOULS (ÁRABE)

Os ghouls são uma classe de jinns, geralmente classificados como entidades demoníacas que se alimentam de carne humana. São bastante retratados pelos árabes, portanto, não são originalmente oriundas ao islã, visto que sua presença é constatada no zoroastrismo, que era a religião dos persas. Há inúmeras variações nas doutrinas religiosas, e a única coisa em comum presente no arquétipo é o fato de serem canibais.

GOBLINS (NÓRDICOS)

Suas histórias são provenientes dos países nórdicos, embora não se saiba a origem exata. O nome dessas criaturas significa "desonesto" ou "enganador". E apesar de terem vaga semelhança com duendes e gnomos, os goblins são seres de aparência grotesca. Têm pele verde, nariz grande, orelhas longas e pontiagudas, presas e garras. Sua estatura é baixa como a de um anão, medem em torno de 1 metro e pesam até 25 quilos. Seus olhos têm uma variação de coloração entre amarelo e vermelho. Além da aparência assustadora, essas criaturas mitológicas usam como vestimentas peças escuras feitas de couro.

Eles são bastante sensíveis à luz do sol, e essa condição é outro motivo pelo qual vivem em ambientes escuros, úmidos e sombrios. O sol os deixa tontos e quanto maior a exposição, mais frágeis e debilitados ficam.

Com frequência são associados ao mal, mas diferentemente do que a maioria das pessoas acredita, não são naturalmente malignos, embora sejam primitivos. Sua maldade nada mais é do que fruto da exclusão e rejeição da espécie perante outras raças.

Eles vivem em bando, uma vez que são desprovidos de força bruta e inteligência. Sendo assim, quando se sentem ameaçados, atacam em grupo. Habitam cavernas ou cabanas situadas em vilas, pedreiras, pântanos e montanhas.

Eles gostam muito de fazer brincadeiras de mau gosto, como, por exemplo, desfazer tarefas domésticas, estragar alimentos, jogar pedras em telhados e fazer feitiçarias.

GOLEM (JUDAICO)

É um ser místico artificial associado à tradição do judaísmo, particularmente à cabala, que pode ser trazido à vida através de um processo divino. O golem é uma possível inspiração para outros seres criados artificialmente, tal como o homúnculo na alquimia e do romance moderno *Frankenstein*, obra de Mary Shelley.

No folclore judaico, é um ser animado feito de material inanimado, muitas vezes visto como um gigante de pedra. No hebraico moderno, significa "tolo", "imbecil", "estúpido". O nome é uma derivação da palavra *gelem*, que significa "matéria-prima".

GRIFO (GRÉCIA)

Criatura da mitologia grega e babilônica com corpo de leão e cabeça e asas de pássaro. Na magia, são grandes guardiões e protetores poderosos e de grande destreza.

HOBGOBLINS (GERMÂNIA)

Criaturas folclóricas germânicas, que medem mais de 1,40 metro, podendo chegar até a altura de um ser humano adulto. Lembram um goblin mais robusto e são considerados uma variação de goblinoide (que vem da raça/criatura goblin). Pode também ser um termo geralmente aplicado em fábulas para descrever um goblin amigo ou divertido.

Hobgoblins são espíritos da lareira, adoram beber cerveja, uísque e vinho; e você pode oferecer a eles cerveja em troca de desejos! Eles adoram oferendas!

Se você adora uma cerveja, provavelmente existem muitos hobgoblins tomando-as com você! Pode ser que eles também peguem algumas escondidas de sua geladeira...

HOMEM VERDE (CELTA)

É uma representação, normalmente em desenho ou escultura, de um rosto rodeado por folhas (sempre fui fascinado por essa imagem, uma representação da própria natureza, do próprio bosque). É o grande deus das florestas e da mata. Ele representa a nossa energia em conexão direta com a natureza, fazendo parte dela.

HULDUFÓLK (ISLÂNDIA)

São fadas que, conforme indica o significado do seu nome – as pessoas escondidas –, vivem dentro de rochas. E se mostram vestindo a cor cinza. São seres territoriais e se irritam com bastante facilidade.

Ainda hoje, os islandeses são cautelosos e respeitosos com esses seres, principalmente quando estão iniciando projetos de construção. Se um especialista acredita que determinada rocha no meio do projeto pode ser a casa dos huldufólks, os planos terão que ser alterados. Eles evitam destruir ou perturbar a rocha, por medo de trazer a vingança do huldufólk sobre eles.

Dizem também que é proibido fazer sexo durante o período da aurora boreal, explicando que qualquer um que esteja disposto a fazer algo assim durante o fenômeno só pode ser um huldufólk disfarçado, e que a criança nascida dessa união seria um *changeling* (uma criança fada trocada).

Além de sua casa natal, os huldufólks costumam ser encontrados em Minnesota, levados para o outro lado do Atlântico por gerações de imigrantes islandeses.

KUR (SUMÉRIA)

Na mitologia suméria, é considerado o primeiro dragão e geralmente se refere às montanhas Zagros, ao leste da Suméria.

LÂMIA (GRÉCIA)

Lâmias eram um tipo de mulheres-serpentes, ou belas mulheres fantasmagóricas, que seduziam e atacavam jovens ou viajantes e lhes sugavam o sangue.

MARID (ÁRABE)

É a mais poderosa entre as raças de jinns mencionadas na mitologia islâmica. São os mais sábios e mais antigos e possuem grande conhecimento de magia – o que os levou a ajudarem reis e sacerdotes.

MENEHUNE (HAVAÍ)

Vivem nas exuberantes florestas e vales das ilhas havaianas. Essas pequenas criaturas gostam de cantar, dançar e praticar arco e flecha. Supostamente, carregam flechas mágicas que, quando disparadas contra um coração zangado, transformam a raiva em amor.

NASNAS (ÁRABE)

Um monstro horrível da mitologia árabe, acredita-se que é filho de um demônio e um humano. Tem poderes para matar uma pessoa e tirar a sua carne com um simples toque. Acredita-se que o nasnas tenha apenas metade de uma cabeça e metade de cada parte do corpo, e que ele dá saltos gigantescos com apenas uma perna para pegar e matar humanos desavisados.

NINFAS (GRÉCIA)

As ninfas são elementais cheios de poder e magia. Protetoras da natureza, podem ser encontradas em florestas, bosques e, principalmente, em caminhos floridos e repletos de borboletas. Muitas vivem dentro de árvores e saem à noite para dançar com as fadas e os animais da floresta.

A presença de borboletas marca a presença das ninfas. Quando sentir aromas de flores pelo ar, com certeza tem uma ninfa perto de você. Elas trazem sentimentos de bondade para o coração, autoestima e alegria. Para canalizar as energias das ninfas, acenda velas nas cores azul-claro, branco ou verde-claro.

Os cristais que regem a energia das ninfas são a sodalita, a amazonita e o quartzo rosa. Faça um saquinho com esses cristais para trazer as bênçãos dessas criaturas mágicas para a sua vida!

NISSE OU TOMTE (ESCANDINÁVIA)

Um nisse ou tomte faz parte do folclore escandinavo. É visto como uma pequena criatura mítica, parecida com um duende.

Acredita-se que cada pessoa tem em sua casa um nisse. Segundo as lendas escandinavas, durante a noite, os nisses protegem as crianças e a casa das pessoas que moram no campo. Atuam como seguranças dos lares, protegendo-os de inimigos ou de infortúnios que possam ocorrer. Eles se escondem dentro de buracos na parede ou em pisos falsos, seja na casa ou nos estábulos. Eles estão muito presentes nas tradições natalinas da Dinamarca, da Suécia, da Noruega, da Finlândia, das Ilhas Faroé e da Islândia.

OROCHI (JAPÃO)

Também conhecido como yamata, é uma criatura da mitologia japonesa. Possui oito cabeças, oito caudas e olhos escarlates.

PÉGASO (GRÉCIA)

Na mitologia grega, surge como um cavalo com asas (sem chifre). É símbolo da imortalidade e representa a liberdade, a alegria de viver e a força.

PERI (ANTIGA PÉRSIA)

Espíritos alados da Pérsia que podem ser travessos, mas que também praticam boas ações pelas pessoas. São inimigos dos daevas, que tentam calá-los e trancá-los em gaiolas de ferro.

QUIMERA (GRÉCIA)

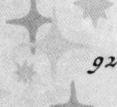

Um dos animais fabulosos da mitologia grega. Algo entre o leão e a cabra, ou, em outras versões, com três cabeças: de cabra, de leão e

de cobra. Ou então, em uma versão mais generalizada, um monstro com cabeça de leão, com corpo de cabra e cauda de serpente.

REDCAP (ESCÓCIA)

Conhecido também como powrie ou dunter, dizem que ele é um duende malvado ou um elfo diferenciado pelo chapéu de tom vermelho-vivo. Ele é bem pequeno e tem olhos brilhantes e vermelhos. Ele faz parte dos antigos mitos e lendas celtas.

Na era medieval, os redcaps eram encontrados perto dos campos de batalha, às vezes até anos ou décadas depois. Embora fosse de conhecimento comum que eles são atraídos por qualquer tipo de destruição generalizada (pragas, fome etc.), mais tarde viu-se que são atraídos por mortes especificamente violentas. Catástrofes, mortes e discórdia têm forte apelo para eles.

SELKIES (IRLANDA)

São seres mitológicos encontrados nos folclores das Ilhas Faroé, da Islândia, da Irlanda e da Escócia. São como focas do mar capazes de teriantropia: trocam a pele para adquirir forma humana quando em terra. Eles ou elas são encontrados em contos e mitologias originários de Orkney e Shetland.

TROL (ESCANDINÁVIA)

É uma criatura mítica do folclore escandinavo descrita tanto como um gigante horrendo, como os ogros, quanto como uma criatura pequena, semelhante aos nisses. Ele vive nas florestas e montanhas, em cavernas ou grutas subterrâneas. Dizem que a criatura tem cauda, como os animais, e que é maldoso e estúpido (em algumas versões até comem gnomos!).

Na literatura nórdica, o trol aparece com várias formas, e uma das mais recorrentes tem orelhas e nariz enormes. Nesses contos também lhe foram atribuídas várias características como a transformação em pedra, quando exposto à luz solar, e ainda a perda de poder ao ouvir o badalar de sinos de igrejas. Os trols são vistos como inimigos dos gnomos, mas provavelmente alguns possuem bom coração.

UNICÓRNIOS (EUROPA)

Essas criaturas são repletas de magia e misticismo; têm a imagem associada à pureza, à bondade e à força. Na magia, eles acompanham e auxiliam os que trabalham diretamente com criatividade, música, arte, escrita ou design em geral. Têm conexão com a sensitividade e mediunidade.

Uma das criaturas mágicas com que tenho grande conexão. Quando fiz meu primeiro ritual de despertar de animal do poder, ele veio logo à minha frente, como uma linda criatura branca com tons prateados e um grande chifre pontudo na testa.

São animais muito delicados, reservados e elegantes. Raramente pessoas os possuem como um animal de poder, pois eles não aparecem espiritualmente com facilidade. Nas lendas antigas, eles só apareciam em bosques para donzelas virgens, e seu sangue tinha o poder mágico da vida eterna. Eles auxiliam os praticantes de magia com sua proteção astral e a conexão com eles aguça dons sensitivos e mediúnicos. Pode ser que você também tenha uma ligação com essa criatura mística. Para descobrir, lá na parte de práticas e rituais mágicos, vou ensinar um feitiço que sempre executo para me conectar à inspiração mágica dos unicórnios.

VETALA (HINDU)

Na mitologia hindu, vetala, ou baital, são espíritos vampirescos do mal que assombram cemitérios e levam à possessão demoníaca de cadáveres. São caracterizados por um corpo metade humano e metade morcego, geralmente de 1,5 metro de altura. Repousam pendurados em uma árvore de cabeça para baixo. Dizem que a criatura é capaz de reanimar cadáveres e usá-los como hospedeiros. Podem conduzir as pessoas à loucura, matar crianças e causar abortos, mas também podem proteger aldeias.

WENDIGO (NATIVO AMERICANO)

O wendigo faz parte da mitologia dos algonquinos, povo originário dos Estados Unidos. Geralmente é associado ao inverno, às montanhas, ao canibalismo e à brutalidade extrema. São descritos como criaturas tenebrosas, maléficas e irracionais. São eclodidos quando um humano decide praticar canibalismo durante o inverno, porém, quando se trata de seu desenvolvimento, há variantes. Algumas histórias sugerem que o humano naturalmente se tornará um wendigo conforme for praticando o canibalismo; outras sugerem que, ao praticar o canibalismo; o humano será incorporado pelo espírito maligno do wendigo que o transformará em uma criatura irracional sedenta por carne humana.

Essas criaturas podem ser extremamente brutais, sanguinárias e impiedosas, e nunca, mas nunca mesmo, estão satisfeitas com sua refeição. Elas traduzem a gula com exorbitância, pois sua matança é ilimitada e estão constantemente em busca de novas vítimas.

Wendigos são classificados como animais de tamanho formidável e possuem algumas similaridades com zumbis pelo fato de serem irracionais, porém mais fortes e ágeis. Após o humano se alimentar da carne de sua própria espécie, ele crescerá de uma maneira descomunal e desenvolverá poderes como mimetismo vocal e força extrema.

YAKSHA (CHINA)

Espíritos da natureza encontrados na mitologia hindu e budista. Muitos são criaturas pequenas e inofensivas que não causam perturbações. Outros, no entanto, são mais parecidos com demônios que vão capturar e comer os viajantes incautos que encontrarem no deserto.

YARA-MA-YHA-WHO (AUSTRÁLIA)

O yara-ma-yha-who faz parte da mitologia aborígine australiana. Segundo a lenda, a criatura se assemelha a um homenzinho vermelho parecido com um sapo com cabeça enorme, uma boca grande sem dentes e ventosas nas pontas das mãos e dos pés.

Curiosidades sobre corvos

Na mitologia grega, o corvo era consagrado a Apolo, deus da luz do sol. Essas aves desempenhavam o papel de mensageiro dos deuses, visto que possuíam funções proféticas. Por esse motivo, o animal simbolizava a luz; uma vez que, para os gregos, o corvo era dotado de poder a fim de conjurar a má sorte. De acordo com a mitologia grega, ele era uma ave branca, até que Apolo lhe deu a missão de ser o guardião de sua amante, mas o corvo se descuidou e a amante o traiu. Como castigo, Apolo transformou o corvo em uma ave negra.

No manuscrito maia, o *Popol Vuh*, a ave aparece como o mensageiro do deus da trovoada e do relâmpago. Já na mitologia nórdica, encontramos o corvo como o companheiro de Odin (Wotan), deus da sabedoria, da poesia, da magia, da guerra e da morte. A partir disso, na mitologia escandinava, dois corvos aparecem empoleirados no trono de Odin: "Hugin" simboliza o espírito, enquanto "Munnin" representa a memória; juntas, as aves simbolizam o princípio da criação.

ALGUMAS CRIATURAS MÁGICAS PELO MUNDO

BHOOT (HINDU)

Esse fantasma indiano consegue assumir a forma humana e de animais, e normalmente aparece no local onde morreram. Nunca no chão, em geral fica flutuando e algumas vezes seus pés aparecem virados para trás (como os do curupira).

CABEÇA SATÂNICA (OU CABEÇA ERRANTE) (PORTUGAL)

É um dos muitos fantasmas de lendas do folclore brasileiro. Não se pode indicar com exatidão a época em que esse mito surgiu, sabe-se apenas que é de origem europeia, e que certamente tem raízes portuguesas. A versão mais aceita é a de que tenha chegado ao país por meio dos colonizadores desembarcados no Recife, em Pernambuco, mas depois foi se espalhando pelas zonas do agreste, sertão e alto sertão, sendo pouco conhecido nas capitais. Uma cabeça sem corpo, que flutua com uma face horrenda, normalmente surge à noite. Qualquer pessoa que tocar essa cabeça pode ficar doente e morrer.

DRÍADES (ROMANO)

Os gregos acreditavam que cada árvore tinha uma alma individual, uma força elementar na forma de uma mulher com corpo formado pela árvore. Esses seres elementais, chamados de dríades, zelavam por suas moradas – as árvores – e castigavam os homens que as quebravam ou cortavam seus galhos. Quando a árvore morria, a vida da dríade também acabava; por isso, bosques eram considerados locais sagrados e preservados contra incêndios ou desmatamentos.

DULLAHAN (IRLANDA)

Caso um dia você encontre um homem montado em um cavalo negro, segurando a cabeça debaixo de um braço e empunhando um chicote feito com ossos de espinha humana na outra mão, você acabou de se deparar com dullahan, um espírito do folclore irlandês. Sua boca imensa aparece conectada a cada lado de sua face, e ele apenas deixa de andar em seu cavalo quando chama o nome de alguém. Então, ele pega o espírito da pessoa e deixa seu corpo jazer no chão.

KACHINA (NATIVO AMERICANO)

É um espírito que está nas crenças religiosas dos povos pueblo, autóctones do sudoeste dos Estados Unidos. Esse espírito pode representar muitas coisas na natureza, como o sol e o milho, assim como pessoas que já morreram. Enquanto os vivos mostrarem respeito pelas kachinas, esses espíritos os protegerão do mal.

OBAMBO (ÁFRICA CENTRAL)

De acordo com a lenda da África Central, esse fantasma mora no deserto até retornar para sua aldeia natal, onde viveu uma vez como ser humano. Obambo não geme nem grita, mas deseja ficar perto de sua casa. As pessoas de sua aldeia normalmente fazem pequenas imagens representando Obambo e uma pequena casa para representar sua morada, para que ele possa descansar em paz.

ENCANTADOS, OS ELEMENTAIS DO BRASIL

BOITATÁ

O boitatá é conhecido como o protetor das florestas e dos bosques. Em sua lenda, surge como uma gigante serpente de fogo. Para proteger os animais e as matas, ele afasta as pessoas que realizam queimadas nas florestas ou que buscam maltratar os animais.

Dentro dos mitos do folclore brasileiro, essa serpente gigante pode se transformar em um grande tronco de árvore em chamas, com o intuito de enganar e queimar os invasores e destruidores das matas. Acredita-se que aquele que olhar o boitatá pode ficar cego e louco.

O boitatá também é conhecido como "alma dos compadres e das comadres" e representa as almas penadas malignas.

CAIPORA

A caipora é considerada outra protetora dos animais e guardiã das florestas selvagens. Sua origem está na mitologia indígena tupi-guarani. Do tupi, a palavra "caipora" (*caapora*) significa "habitante do mato". Pode ser um homem ou uma mulher.

Quando sente que algum caçador entra na floresta com intenções de abater animais, ela solta altos uivos e gritos selvagens de animais assustando-os. É vista como uma indígena de cabelos vermelhos e orelhas pontiagudas. Existem versões nas quais seu corpo é todo vermelho ou também verde.

Ela vive nua nas florestas e tem o poder de dominar, curar e ressuscitar os animais. Seu intuito principal é defender a natureza, e, para isso, faz armadilhas e confunde os caçadores.

CURUPIRA

Nas lendas amazônicas, o curupira surge como o protetor da caça. Tem a aparência de um jovem, ou anão, com os pés voltados para trás. Às vezes, se apresenta com um corpo peludo e cabelos vermelhos como fogo. Ele está associado ao reino do fogo.

O curupira só permite que o caçador cace o necessário para sua alimentação básica, não deixando que ele destrua o ciclo da natureza. Seus pés são virados para trás, o que deixa suas pegadas ao contrário, para que possa iludir as pessoas, confundindo os caçadores no momento que tentam persegui-lo.

IARA

A lenda da Iara, conhecida também como mãe d'água, foi criada pelo povo tupi-guarani. Nela, uma jovem donzela muito atraente causava inveja e raiva em muitos de sua tribo, e também muito ciúme em seus irmãos. Inconformados com isso, pensaram em matar a indígena e sumir com o corpo.

Certa noite, os irmãos se rebelaram contra ela, mas Iara era tão poderosa que conseguiu reagir aos irmãos, enfrentando-os e matando-os. O pai deles, com muita raiva, vingou-se jogando Iara dentro de um rio, o que a fez se afogar.

Nessa lenda, dizem que a indígena foi salva pelos peixes e, como era noite de lua cheia, ela foi transformada em uma linda sereia capaz de atrair homens e seduzi-los com o canto de sua voz. Buscando, assim, se vingar do pai e de seus irmãos.

SACI-PERERÊ

O saci-pererê é, com certeza, um dos seres invisíveis mais populares dentro do folclore brasileiro. Uma entidade benevolente e muito brincalhona, o mito parece ter surgido na Amazônia, onde o menino apareceu com uma perna só, fumando seu cachimbo. O mito foi se espalhando pelo Brasil, onde surgiu como um menino negro de uma perna só, com seu cachimbo nas mãos e um gorro vermelho pontudo, que se assemelha muito ao dos gnomos.

Uma forma muito popular de se prender o saci é o colocando dentro de uma garrafa. A meu ver, isso remete muito aos famosos "garraduendes", uma forma de aprisionar os elementais para fazer com que estes obedeçam às nossas ordens. Ficar preso deixa o saci muito irritado, assim como tirar o seu gorro, o que o faz perder o poder. O saci normalmente adora pregar peças nas pessoas: queima a comida, torce as roupas no varal ou faz tranças em cavalos, assim como os duendes.

*O folclore é
o lar dos
elementais.*

DEUSES E DEUSAS

ÁGUA

- **Aegir (nórdico):** deus das águas salgadas e dos oceanos;
- **Afrodite (grega):** deusa do amor, associada aos oceanos e às espumas do mar;
- **Anúquis (egípcia):** a deusa do rio Nilo;
- **Boann (celta):** deusa do rio Boyne, na Irlanda. Como muitas deusas da água, está ligada à fertilidade e à inspiração;
- **Brizo (grega):** marinheiros faziam oferendas a ela para garantir uma passagem segura;
- **Cerridwen (celta):** deusa do caldeirão da magia e dos mistérios;
- **Coventina (romana):** deusa britânica da primavera sagrada, ligada às fontes de água;
- **Cymopoleia (grega):** filha de Poseidon e da deusa das tempestades;
- **Dama do lago (celta):** ela dá ao rei Arthur a espada mágica Excalibur. É conhecida por muitos nomes diferentes, incluindo Ninianne, Viviane e Nymue;
- **Dóris (grega):** personificação da abundância do mar;
- **Ehuang (chinesa):** uma das deusas associadas ao rio Qiantang;
- **Ganga (hindu):** personificação do rio mais sagrado da Índia, o Ganges. Ela tem o poder de limpar o carma ruim;
- **Iemanjá (iorubá):** orixá dos mares;
- **Ísis (egípcia):** essa famosa deusa nasceu nos pântanos do Nilo;

- **Juturna (romana):** deusa das fontes e dos poços;
- **Kanaloa (havaiano):** deus dos oceanos;
- **Manannan Mac Llyr (celta):** deus dos mares e do outro mundo;
- **Nanã (iorubá):** importante orixá feminino associado à origem do homem na Terra. O seu domínio se relaciona com as águas paradas, os pântanos e a terra úmida;
- **Njord (nórdico):** deus Vanir dos mares;
- **Oxum (iorubá):** orixá das cachoeiras;
- **Vênus (romana):** associada a Afrodite, deusa dos mares.

AR

- **Aine (celta):** deusa das fadas;
- **Anu (assírio-babilônico):** deus do céu;
- **Arianrhod (celta):** deusa galesa da lua, das estrelas e do céu;
- **Bóreas (grego):** deus que personificava o vento norte;
- **Brahma (hindu):** criador do céu e da terra;
- **Feng Po Po (chinesa):** deusa do vento, vista com frequência cavalgando um tigre entre as nuvens;
- **Feng Bo (chinês):** senhor do vento;
- **Frigga (nórdica):** deusa dos céus;
- **Hera (grega):** deusa das mulheres, dos casamentos, da família e dos nascimentos;
- **Hermes/Mercúrio (grego/romano):** deus da comunicação, dos ladrões, dos comerciantes;
- **Hórus (egípcio):** deus falcão;
- **Indra/Svargapati (indiano):** senhor dos céus;

- **Íris (grega):** deusa alada do arco-íris que viajava com a velocidade do vento;
- **Lilith (semita):** espírito feminino alado do elemento ar;
- **Nice/Vitória (grega):** personificação da vitória, da força e da velocidade;
- **Nut (egípcia):** grande deusa do céu;
- **Odin (nórdico):** criador do Cosmo;
- **Oxalá (iorubá):** orixá associado à criação do mundo, da atmosfera e do céu;
- **Quetzalcóatl (asteca):** deus do vento;
- **Toth (egípcio):** deus do conhecimento e da sabedoria;
- **Zeus (grego):** deus dos céus.

FOGO

- **Apolo (grego):** deus do sol;
- **Agni (hindu):** deusa do fogo;
- **Ares (grego):** deus da guerra;
- **Belenus (celta):** deus solar;
- **Brígida (celta):** deusa irlandesa da forja, da lareira e da chama sagrada. Ela também representa o fogo da inspiração em atividades criativas;
- **Freya (nórdica):** deusa do fogo, do amor e das artes domésticas;
- **Hefesto/Vulcano (grego-romano):** deus do fogo;
- **Héstia (grego):** guardiã do fogo, dor lar e da família;
- **Iansã/Oyá (iorubá):** divindade do fogo, é também associada ao elemento ar, pois é regente dos raios;
- **Ísis (egípcia):** deusa do sol e grande mãe do Egito;
- **Loki (escandinavo):** deus do fogo e da trapaça;

- **Lugh (celta):** deus dos ferreiros. Seu nome significa "luz";
- **Ogum (iorubá):** orixá do ferro, da guerra, da agricultura, dos caminhos, da caça, da tecnologia e protetor de artesãos e ferreiros;
- **Prometeu (grego):** titã que roubou o fogo do Olimpo e o entregou aos homens; símbolo das Olimpíadas;
- **Rá (egípcio):** grande deus do sol;
- **Sekhmet (egípcia):** fogo egípcio ou deusa do sol das guerras e batalhas;
- **Surya (hindu):** deus solar;
- **Vesta (romana):** deusa romana do fogo sagrado, da lareira, do lar e da família;
- **Xangô (iorubá):** orixá da justiça, dos raios, dos trovões e do fogo.

TERRA

- **Annapurna (indiana):** a doadora dos alimentos;
- **Ártemis/Diana (greco-romana):** deusa dos animais e da caça;
- **Blodeuwedd (celta):** deusa das flores;
- **Centeotl (asteca):** deusa do milho;
- **Cernuno (celta):** deus dos bosques e das florestas;
- **Deméter/Ceres (greco-romana):** deusa do crescimento e da agricultura;
- **Dioníso/Baco (greco-romano):** deus do vinho;
- **Estsanatlehi (apache e navajo):** conhecida como "mulher mutante" e "aquela que se renova", é uma deusa da terra;

- **Exu (iorubá):** orixá da comunicação, da ordem e da disciplina;
- **Flora (romana):** deusa das sementes, das flores, dos frutos e das alegrias da juventude;
- **Gaia (grega):** deusa da terra;
- **Ganesha (indiano):** deus da prosperidade e da remoção dos obstáculos;
- **Geb (egípcio):** deus da terra;
- **Hécate (grega):** deusa das encruzilhadas e rainha das bruxas;
- **Helena Dendrius** (pré-helênica): a senhora das árvores;
- **Iaçá (tupi):** a deusa nutridora;
- **Iduna (nórdica):** deusa da poesia e guardiã do pomar sagrado;
- **Jurema (tupi):** deusas das árvores e da jurema;
- **Mawu (africana):** deusa da criação;
- **Nu Kua (chinesa):** deusa da criação;
- **Obaluaê/Omolu (iorubá):** orixá da cura, da saúde e também das doenças;
- **Olwen (galesa):** deusa da primavera;
- **Ossaim (iorubá):** pai das plantas e da cura de todos os males;
- **Ostara (anglo-saxã, nórdica e germânica):** deusa da fertilidade, do amor e do renascimento;
- **Oxóssi (iorubá):** orixá da caça e guardião das florestas;
- **Pã (grego):** deus dos bosques, dos campos, dos rebanhos e dos pastores;
- **Pachamama (quíchua):** é a deidade máxima dos povos indígenas dos Andes centrais;

- **Plutão/Hades (greco-romano):** deus dos mundos subterrâneos;
- **Reia (grega):** grande mãe das montanhas;
- **Tique/Fortuna (greco-romana):** deusa da sorte e da cornucópia da prosperidade.

PARTE 3
Como iniciar suas práticas

O PODER DA NATUREZA

Estar em contato com os quatro elementos, colocar os pés na terra, sentir a chuva, a brisa do vento tocando a pele, o sol tocando suavemente o rosto... tudo o que a natureza nos traz é puro e vivo. Esteja sempre em contato com ela por meio de aromas, cores, sabores e sensações, buscando seu reequilíbrio diário. É através dos elementos e da manifestação deles que você conseguirá entrar em sintonia com os elementais.

Mas, afinal, gnomos existem?

Se você está preocupado com a opinião alheia quanto ao que você acredita ou deixa de acreditar, pare já com isso! Lembre-se: a crença espiritual em seres elementais da natureza existe há milhares de anos, desde a formação da humanidade. Portanto, não importa o que dizem ou pensam de você e de suas crenças.

Anjos, arcanjos, espíritos, faunos, saci-pererê, sereias, minotauro. Tudo muito surreal e fictício, né? Independentemente dos nomes dados a essas criaturas mágicas ou elementais, o que

"A música é celeste, de natureza divina e de tal beleza que encanta a alma e a eleva acima da sua condição."

Aristóteles

importa é sua fé e a crença que você tem nelas. Pois, acredite ou não, elas acreditam em você!

ÉTICA NA MAGIA ELEMENTAL

O maior princípio da magia elemental é o respeito à natureza, e isso não se restringe ao mundo das coisas naturais, mas também está ligado à sua própria natureza como ser humano. Lembre-se de respeitar a sua evolução pessoal e a do próximo. Não faça magias e feitiços para tirar proveito dos outros. Pense em você, no seu bem-estar e em seus sonhos. Conectar-se com a magia elemental é conectar-se com a própria natureza. É aceitar quem você é e ser feliz da forma como veio ao mundo.

As árvores, a chuva, o sol e o vento fazem parte de sua conexão com a verdadeira magia, basta olhar ao seu redor e notar tudo aquilo que está em volta. Lembre-se de reconectar-se com a terra e de onde você veio: da grande mãe natureza.

Se você estiver lendo este livro buscando tirar proveito dos elementais para trazer benefícios, ou para lançar encantos em outras pessoas, talvez esta não seja a melhor via. Aqui falarei de autoconhecimento, carinho e respeito às forças espirituais da natureza. Tenha certeza de que a partir do momento que você iniciar o trabalho com a energia dos elementais, eles sempre estarão com você, trazendo boas energias e bons frutos. Basta você abrir seu coração para as forças da natureza.

Conectar-se com a magia elemental é conectar-se com a própria natureza.

CÍRCULO MÁGICO

A ideia do círculo mágico consiste em você mentalmente visualizar um círculo de proteção ao seu redor. Ele surgiu quando os antigos magos e feiticeiros faziam suas invocações e rituais de alta magia para conjurar espíritos e até controlá-los.

Toda vez que você for fazer algum ritual, acender uma vela ou realizar algum encantamento, mentalize um círculo de luz ao seu redor te protegendo. Assim nenhuma influência negativa irá até você. Após terminar o ritual, agradeça e visualize o círculo desaparecendo.

Uma dúvida muito comum entre as pessoas sobre a necessidade ou não de apagar as velas do ritual. Não precisa. Deixe-as acesas mesmo com o círculo já fechado, e elas enviarão suas energias ao universo e continuarão na proteção do círculo mágico. Lembre-se: o que vale é a sua intenção mágica.

O MOMENTO PERFEITO

Deixo aqui algumas dicas de como utilizar as forças da natureza que estão diretamente ligadas à energia dos elementais da natureza. Elas auxiliarão você a realizar magias, tomada de decisões, encontros, eventos, entre outros.

*A partir do momento
que você iniciar
o trabalho com
a energia dos
elementais, eles
sempre estarão com você,
trazendo boas energias
e bons frutos.*

FASES DA LUA

A lua atua diretamente em toda a natureza, nos mares, nos elementais e na sua vida. Lembre-se de utilizar a força dela ao seu favor. A lua está aí para nos ajudar e não para atrapalhar. Seu poder representa a conexão com o lado feminino, com emoções, sentimentos, intuição e clarividência.

- **Lua nova:** novos inícios, novos projetos, momento de reflexão, meditação, planejamento, novas jornadas e encerramento de ciclos;

- **Lua crescente:** prosperidade, crescimento, expansão, fartura, abundância, finanças e saúde;

- **Lua cheia:** poder, força, amor, sedução, consagrações, espiritualidade, sucesso e plenitude;

- **Lua minguante:** limpeza, purificação, banimento, sabedoria, exorcismo e transmutação.

ESTAÇÕES DO ANO

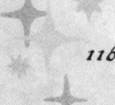

- **Primavera:** o festival das flores e dos aromas. Conectada aos elementais do ar, é o momento propício para desfrutar da beleza das flores com rituais de autoestima, criatividade, inspiração, fertilidade, nutrição e abundância;

- **Outono:** as folhas caem e se conectam com a energia dos elementais da terra. Um momento perfeito para rituais de equilíbrio, estabilidade, fartura e aterramento de energias indesejáveis;

- **Inverno:** quando o frio chega, a energia das águas também vem à tona. O momento é de recolhimento, reflexão e conexão com o próprio coração. Abandonar aquilo que não serve mais para a sua vida e guardar as energias para as próximas estações;

- **Verão:** assim como o calor vem nessa estação, a energia do fogo está em seu ápice, gerando poder, coragem e força. Para ambicionar desejos e sonhos, bem como aquecer o corpo, gerando poder pessoal.

HORÁRIOS DO DIA

- **Aurora (amanhecer):** todos os desejos feitos no raiar do sol vão ter a energia do crescimento e da expansão. Tudo aquilo que você deseja aumentar, prosperar ou que seja ligado ao crescimento e à expansão pode ser feito nesse momento. Seis da manhã é o horário perfeito para magias de amor e as oito da manhã é muito eficaz para magias de prosperidade;

- **Zênite (ápice do sol):** meio-dia é o momento em que a energia do grande sol está em seu maior poder. É o horário perfeito para realizar magias que envolvam dinheiro, fartura, prosperidade, poder próprio ou abundância;

- **Crepúsculo:** quando o sol se põe, a energia decresce e a energia do "minguar" está presente. Feitiços de purificação, limpeza e banimento se tornam muito poderosos nesse período;

- **Hora das bruxas (*witching hour*) (madrugada):** meia-noite é o período em que a maioria dos praticantes de magia realiza seus feitiços. Principalmente por conta da paz e do sossego pelos outros estarem dormindo. O ápice de energia para magias de conexão com a intuição, sensitividade, mediunidade, poder e conexão lunar se inicia na conhecida "hora da bruxaria", que perdura por toda a madrugada.

MOMENTO PERFEITO

A LUA DAS FADAS

A lua das fadas é também conhecida como lua azul. Esse evento ocorre quando temos duas luas cheias em um mesmo mês. À segunda lua dá-se o nome de lua azul. Ela carrega consigo o poder e a energia cósmica das fadas, como se fosse uma lua cheia com poder "em dobro". Este é um momento propício para realizar rituais para as fadas. Faça suas oferendas, danças e crie seus rituais.

Existem outras luas muito conhecidas dentro da magia, como:

- **Lua rosa:** também conhecida como lua rosa dos desejos, tem o poder de concretizar desejos. Gosto de associar essa lua ao poder das fadas. A lua rosa é a lua cheia mais próxima a um *sabbat*. É chamada de Lua da Anunciação, quando antecede o *sabbat*; de Lua da Confirmação, quando vem depois do *sabbat*; e de Lua da Exaltação, quando acontece no dia do *sabbat*. *Sabbats* são os festivais comemorados na bruxaria moderna, por exemplo, o Samhain e o Beltane;

- **Lua sangrenta:** quando ocorre uma superlua + um eclipse lunar. É a lua perfeita para realizar magias, com o auxílio dos elementais do fogo, para nossos ancestrais e também com a energia dos dragões;

- **Eclipse lunar:** é o ápice do poder lunar. Perfeito para encantamentos ligados a intuição, sensitividade, clarividência e para recarregar as energias lunares;

- **Eclipse solar:** o ápice do poder solar, junto à lua. É perfeito para rituais de consagração, amor, união, força, coragem e prosperidade;

- **Lua negra:** ocorre três dias antes da lua nova. Está diretamente ligada aos elementais das sombras, aqueles que fazem parte de nosso inconsciente. Momento de realizar magias contra medos, vícios e dificuldades internas;

- **Lua violeta:** a segunda lua negra no mês. Seu poder é potencializado para a realização de magias e encantamentos;

- **Lua dourada:** a segunda lua crescente no mesmo mês. Ela tem o poder especial de potencializar magias de prosperidade, fartura, abundância e sucesso;

- **Lua obscura:** a segunda lua minguante no mesmo mês. Eficaz para magias de limpeza, purificação e exorcismo. Nessa fase, é interessante canalizar a energia da Grande Anciã para resolver problemas de vícios, obstáculos ou energias indesejáveis.

Magias emergenciais

Caso você precise fazer uma magia para alguém que esteja doente, ou até mesmo para você, não espere chegar a uma rua ou a um horário determinado. Faça sempre que necessário! Uma coisa que eu sempre digo: o momento certo é o agora.

PREPARAÇÃO PARA UM RITUAL

Sempre que for preparar qualquer ritual, é importante que você trabalhe com organização, limpeza, gratidão, respeito, humildade e amor.

Busque separar todos os ingredientes e instrumentos antes do ritual, deixe tudo prontinho para você abrir seu círculo mágico e realizar seu feitiço. Muitas vezes vai acontecer de você esquecer algum objeto e ter que ir buscá-lo, não precisa se afligir; acontece. Peça licença e busque o que falta.

Caso não tenha alguns dos ingredientes de que precisa para realizar o ritual, e eles estejam fora do seu alcance, utilize aquilo que você tem. Tudo o que há na sua casa é o que, por coincidência do destino, você precisa para sua magia. Não fique buscando beladonas, mandrágoras ou raízes de carvalho para realizar um ritual. Faça uso daquilo que tem, pois só assim realmente fará um ritual. Na magia, nada é por acaso.

*Na magia,
nada é
por acaso.*

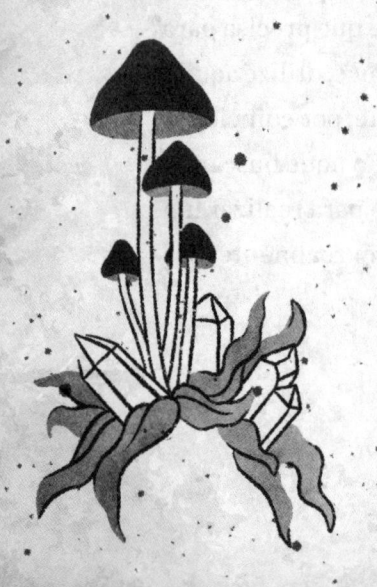

LIMPEZA ENERGÉTICA

Sempre que for fazer a prática de algum ritual, ou entrar em contato com a energia elemental, é importante que você faça a limpeza energética do ambiente e de si mesmo. Isso pode ser feito por meio de um banho de ervas tomado antes do ritual. Na correria, você pode se limpar com a fumaça de um incenso.

Eu indico que sempre faça a limpeza, pela energia dos quatro elementos, dos quatro cantos do local que você está realizando o ritual e também de você. Para a terra, um pouco de sal, ou ervas secas, salpicando em cada canto e ao seu redor. Para a água, utilize um spray de ervas, perfume, essência ou um cálice com um pouco de água. Para o ar, utilize um incenso; caso você tenha alergia, utilize algo que represente o elemento ar, como uma pena, por exemplo. E para o fogo, uma vela. Por favor, não ateie fogo em você! Apenas circule o espaço com a vela para abençoar o local e você mesmo. Caso não consiga utilizar a vela, visualize uma em suas mãos, limpando o ambiente.

Coloque uma música da qual você goste e sinta-se à vontade, respire fundo. Nunca faça um ritual com a cabeça quente ou muito estressado. Nesse momento, você precisa se centrar e buscar o equilíbrio. Outra técnica que sempre faço antes de um ritual é o aterramento, que também pode auxiliar a limpar as energias indesejáveis.

Lembre-se: a magia está dentro de você. Caso você não tenha um dos ingredientes necessários, visualize-o. O maior poder que você tem é o de sua mente.

*O maior poder
que você tem
é o de sua
mente.*

ATIVANDO OS SÍMBOLOS MÁGICOS

Embora muito se fale sobre como ativar um símbolo mágico, no meu entendimento, sempre que for desenhar ou mentalizar um símbolo, você deve senti-lo e preenchê-lo de amor, carinho e respeito.

Ative os símbolos visualizando uma bruma mágica e envolvente preencher o objeto ou lugar no qual foi desenhado o símbolo, como se estivesse sendo feita uma tatuagem no local. Ao mentalizar o símbolo, sinta a energia fluir dele para o local e para o seu corpo. No momento que quiser se desfazer do símbolo, agradeça e apague-o (caso tenha sido desenhado em um papel ou pergaminho).

Muitos gostam de tatuar símbolos mágicos. Nesse caso, a dica que dou é: pense bem antes de fazer a tatuagem e lembre-se de cuidar dela magicamente e sempre fazer uma ativação mental quando desejar canalizar o poder do símbolo.

Os símbolos apresentados a seguir foram criados e desenvolvidos por mim, e os tenho utilizado ao longo do tempo de forma pessoal. Resolvi transmitir a você esse conhecimento, pois esses símbolos se tornaram muito eficazes no meu trabalho de conexão com a magia elemental.

Alguns são misturas de runas nórdicas, bindrunes, símbolos celtas do Ogham e de sigilos que aprendi durante os meus vinte anos de estudos na magia. Ao desenhar em um pergaminho (um papel em branco consagrado pela energia dos quatro elementos), sempre desenhe a lápis, visto que grafite tem o poder de canalizar energias mágicas. Por sua vez, evite a caneta, já que ela tem a regência energética do petróleo e de sua química, regida e conectado ao planeta Netuno, uma energia que pode provocar ilusões em nossos atos mágicos.

O totem das ancestrais (intuição e sensitividade)

Esse símbolo mágico deve ser usado no momento que fizer tiragens oraculares e estiver sentindo que sua conexão espiritual não está muito bacana. Ele vai te ajudar a se proteger contra energias negativas vindas do consulente; por isso, deixe-o embaixo da toalha de tiragem ou de um cristal de ametista. Assim, sua consulta será mais eficaz e as energias negativas da pessoa não vão atingi-lo. O símbolo deve ser canalizado na cor lilás.

Antigoblin (contra espíritos indesejáveis)

Esse poderoso símbolo tem sido muito eficaz em minhas práticas mágicas e deve ser utilizado em sua casa para proteção contra energias negativas e espíritos elementais arruaceiros. Basta desenhá-lo com carvão na porta de entrada, na parte de fora (pode ser no batente, em cima da porta ou em um pergaminho branco com o próprio carvão e deixado em cima da porta). Ele vai te ajudar a se proteger contra todo e qualquer tipo de energia indesejável, visível ou invisível. Caso queira potencializá-lo, desenhe esse símbolo também nas janelas do local. Visualize-o na cor preta.

Chave dos gnomos
(prosperidade e negócios)

Para atrair prosperidade, fartura, abundância e união em seu caminho, esse símbolo foi desenvolvido por meio de runas mágicas para atrair boas vibrações independentemente do lugar onde tenha sido desenhado. Utilize a chave dos gnomos na porta de um comércio ou do seu lar, por exemplo, perto da fechadura. Ainda, pode usar diretamente em uma chave ou até mesmo em um chaveiro. Visualize ou desenhe, se preferir, na cor dourada (com uma tinta).

Sigilo dos silfos
(proteção em voos)

Ao andar de avião, carregue esse símbolo desenhado em um pergaminho em branco para que a energia dos elementais do ar te proteja durante toda a viagem, trazendo paz, tranquilidade, harmonia e serenidade.
A cor canalizada para esse símbolo é o rosa-claro.

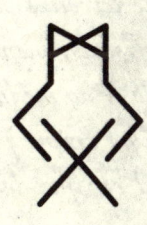

Asas das fadas (criatividade)

Caso sinta que a sua criatividade está totalmente dispersa e travada, utilize esse símbolo mágico. Mentalize-o em seu terceiro olho na cor rosa-claro, com as asas batendo e movimentando seus pensamentos. As asas das fadas vão te ajudar a clarear seus pensamentos e trazer inspiração durante o desenvolvimento de seus trabalhos, relacionados à criatividade, arte, design ou até mesmo para aguçar seus estudos.

A cura dos elfos (saúde e reequilíbrio)

Mentalize esse símbolo no local da enfermidade, pedindo para que a energia dos elfos traga longevidade, bem-estar e remova qualquer malefício que esteja presente naquele lugar. Pode ser aplicado em processos de autocura, de terceiros ou de animais, caso esteja sentindo dores físicas, mentais e emocionais (mas, claro, não deixe de ir ao médico!). Ao desenhá-lo, mentalize folhas de uma árvore preenchendo a pessoa e o local.
A cor que deve ser visualizada é o verde-esmeralda.

A pena da fênix
(renovação e autoestima)

Caso esteja se sentindo pra baixo e que tudo ao seu redor não está dando certo, utilize esse símbolo em seu coração, pedindo para que a energia da fênix purifique sua alma, removendo toda angústia, sentimentos de depressão, mágoa e tristeza, fazendo um novo momento vir até você, repleto de boas energias, sucesso e muita alegria. Visualize uma lua laranja intensa ao desenhá-lo.

O canto das sereias
(amor e sedução)

Pegue seu perfume favorito e desenhe esse símbolo com as pontas de seu dedo indicador, passando atrás das suas orelhas, na nuca, nos pulsos e no peito. Esse símbolo tem o poder de seduzir e atrair. Utilize-o ao sair em encontros românticos ou para criar magnetismo pessoal e se tornar irresistível aos olhos dos outros. Faça os três círculos do desenho em sentido horário e cada vez maiores. Mentalize uma luz vermelha intensa ao fazer esse símbolo.

O sopro dos duendes (contra insônia)

Coloque esse símbolo perto da cabeceira da sua cama ou dentro do seu travesseiro, para que os duendes expulsem todos os pesadelos e a insônia da sua mente. Esse símbolo mágico vai te auxiliar a ter uma noite de paz e tranquilidade. Ao desenhá-lo, visualize uma luz lilás preenchendo todo o local. Muitas vezes, mentalizo esse símbolo e assopro diretamente na pessoa que está com dificuldades para dormir. Tenha em mente uma luz na cor azul-claro.

AMBIENTES SAGRADOS

A natureza é o maior espaço sagrado. Os antigos indígenas criavam seus templos no alto das montanhas para poder enxergar tudo o que estava ao seu redor. Quando for fazer um ritual na natureza, lembre-se: os elementos e elementais estão junto a você.

A terra é o seu corpo;
A água, o seu sangue;
O ar, o seu sopro;
O fogo, o seu espírito.

Normalmente, utilizamos instrumentos naturais em nossos rituais em casa por estarmos longe da natureza. Agora, quando você estiver pertinho da natureza, coloque os pés na terra, sinta ao seu redor o ar, as fadas, os poderes da lua e do sol, e permita-se liberar seu poder pessoal junto às energias da natureza.

CRIE O SEU ALTAR

Altar é o lugar onde as bruxas colocam seus instrumentos mágicos para fazer práticas de magia. De forma moderna, eu penso que é como se fosse um computador, por onde enviamos nossos e-mails. Metaforicamente falando, seria o local de onde enviamos nossas mensagens para o universo, deuses e deusas, santos e santas, ou para aquilo em que acreditamos. É onde nós entramos em contato direto com outros universos, para pedir, fazer desejos e agradecer.

É um local que devemos manter sempre limpo, organizado e higienizado. É imprescindível ter um cuidado especial com o altar, pois ele reflete a nossa alma. Quem deixa o altar abandonado, malcuidado, ou não oferece a devida atenção a ele provavelmente está passando pela mesma situação na própria vida. Na magia, eu o considero um espelho de nosso eu interior. Logo, devemos tratar o altar com amor e carinho!

E muito importante: qualquer um pode ter um altar! Você, uma bruxa, um mago, seu vizinho. Não é necessário seguir alguma tradição para montar um altar, ou ser iniciado em qualquer que seja a seita. Siga sua intuição e faça o seu. Busque sentir como sua alma refletiria o espaço ou local sagrado. Se for preciso ter imagens ou estátuas, plantas, animais, busque-os em seu interior. Construa-o do modo como você bem entender; ele só precisa fazer sentido para a sua realidade. Apenas algumas tradições afirmam que deve ser exatamente simétrico e alinhado: duas velas, um caldeirão ao meio, taças e incensos em seus devidos pontos cardeais etc. Caso você não tenha nenhuma tradição, posicione seus itens e instrumentos da forma com que se sentir mais à vontade.

O altar deve ser o reflexo de quem você é. E, por isso, depende do que você deseja trabalhar, quais instrumentos possuem um significado para você. Conheço bruxas que não gostam de varinhas mágicas, por que forçá-las a colocar em seu altar? Coloque os instrumentos de que você gosta! Por exemplo, seu altar pode ter:

- Incensos;
- Velas;
- Caldeirão;
- Taças;
- Ervas;
- Imagens de animais;
- Filtros dos sonhos;

- Cristais;
- Ossos;
- Folhas secas;
- Penas.

Você deve olhar para o seu altar e pensar: *Nossa! Isso realmente faz com que eu me conecte à minha energia*. Eu já tive diversos altares e sempre faço mudanças neles com o tempo, ou de acordo com o meu humor. Às vezes, eu nem sequer tenho um altar; considero o meu próprio corpo um altar e busco me conectar aos quatro elementos e à magia apenas mentalmente. Outras vezes, preciso de algo físico, de uma varinha ou um caldeirão para me conectar ao mundo dos elementais. Então, siga seu coração e procure a melhor forma de montar o seu altar.

Aconselho que comece pelos quatro elementos; sempre tenha algo representando o ar (incenso, penas, sino), a terra (sal, cristais, ervas), a água (conchas, taça ou copo com água), e o fogo (velas, caldeirão, ou até o desenho de uma vela).

Lembre-se: sempre que for iniciar um ritual em seu altar, você deve respirar fundo, estar calmo e focado. Deixe os pensamentos e o mundo exterior distantes por alguns minutos e foque em seus rituais. A magia com certeza acontecerá quando for feita com amor, paz e harmonia!

COMO CONSAGRAR UM ALTAR?

Consagrar é o mesmo que tornar sagrado. Para consagrar seu altar, primeiro você deve escolher o local em que ele ficará. Caso não possa ser um local fixo, coloque-o em uma caixa e guarde-o. Sempre que necessário, monte-o novamente. Passei anos fazendo isso, pois meus amigos sempre mexiam em minhas coisas, e eu não gostava muito. Sobre poder mexer nos seus instrumentos do altar, isso só depende de você querer ou não.

Mas, Victor, pega a energia dos outros?

Sim, claro! Sempre pega. Se alguém se aproximar de você, te der um abraço, você vai pegar a energia também! Boa ou ruim, mas vai pegar. Como sou de peixes, sinto ter facilidade para sugar qualquer que seja a energia das pessoas ao meu redor. Mas nada que um incenso de sândalo, mirra ou um palo santo ou sálvia branca não resolva. Sempre defume seu altar com incensos ou ervas, e a você também. Isso ajudará a mantê-lo equilibrado e em harmonia.

Aqui vai uma primeira magia para tornar o seu altar um local sagrado, ela se chama *Ritual para consagração do altar*:

Ingredientes:
- Mel
- Sal grosso
- 1 vela de sete dias verde
- 7 incensos de alecrim + incensário
- 1 copo/taça/cálice com água

Preparo:
Em uma noite de lua cheia, respire fundo sete vezes e visualize um círculo de luz verde ao seu redor. Faça um círculo em volta da vela com o sal grosso, coloque a taça dentro do círculo junto à vela e também um pouco de mel na parte de cima da vela. Mas atenção: não tire o plástico da vela de sete dias. Com o dedo indicador, espalhe um pouco do mel em sentido horário próximo ao pavio. Lave suas mãos, e então saboreie o mel colocando um pouco dele na ponta do dedo indicador.

Acenda a vela de sete dias, um incenso de alecrim e repita:

*"Que este altar seja consagrado e abençoado,
Pela força da mãe Lua e do pai Sol,
Pela energia dos quatro elementos,
Pela magia do amor,
Pelo abraço da harmonia
E pelo poder da paz!
Que a partir de hoje
Ele faça parte de mim.
Somos unos,
Conectados um ao outro.
Que assim seja,
E que assim se faça!"*

Após recitar as palavras, deixe a vela queimar pelos sete dias. A cada um deles, volte a acender um incenso de alecrim e a provar o mel, apenas colocando-o em seu dedo e saboreando a doçura. Não deixe de repetir as palavras novamente. Agradeça a cada vez que fizer isso, sempre se lembrando de visualizar o círculo. Ao fim do ritual, visualize o círculo desaparecendo. Esse círculo mágico protegerá e conectará você ao divino.

Espero que tenha entendido um pouco de como funciona o altar e de como consagrá-lo. Essa consagração é a que utilizo sempre. Outras pessoas podem fazer de jeitos diferentes. Então, como sempre digo, faça da forma com que se sentir mais à vontade!

ALTAR DOS ELEMENTAIS

É o altar dos elementais que convida a energia elemental para abençoar seu lar. Ele pode ser montado no seu quarto, na sala ou na cozinha; mas não no banheiro! Nele, você canalizará as energias espirituais dos quatro elementos e dos elementais da natureza. E você precisará deixar nele a representação dos quatro elementos ou elementais. A seguir, há uma lista de itens que você poderá escolher!

- **Ar:** incenso, filtro dos sonhos, sinos do vento, turíbulo, flauta, penas, imagem de coruja, qualquer objeto que se assemelhe a asas ou que represente as fadas e os silfos;
- **Água:** copo ou cálice de água, conchas, estrela do mar, pérolas, fonte, espelho, representando as ondinas;
- **Terra:** cristal, rocha, sal, vaso com ervas ou plantas, moedas, representando os gnomos e duendes;
- **Fogo:** vela com castiçal, vela de réchaud ou uma imagem de fogo, paus de canela e até pimentas, representando salamandras.

Esse altar mágico é um círculo, um grande portal para a entrada da energia dos elementais em seu lar. Coloque nele algo que represente uma porta de entrada, como uma imagem ou um objeto/círculo ou até mesmo uma chave. Você pode colocar miniaturas dos instrumentos (por exemplo: minitaça, minicadeira, minivela, miniflor, animais pequenos e por aí vai... miniaturas para mostrar o mundo dos elementais). Os elementais gostam de miniaturas; é um agrado às energias elementais, eles se sentem honrados!

Não existe necessariamente um local obrigatório para fazer as magias, mas é interessante ter um ponto de concentração para fazer seu altar, um local em que você sempre possa ir, fazer suas orações, preces e rituais. Pode ser dentro de casa e até mesmo no jardim. As magias podem ser feitas no altar ou em outro local; por exemplo, se você fez um altar dentro do armário, é provável que não consiga acender velas dentro dele, então não tem problema algum fazer o ritual do lado de fora. Você pode colocar no altar dos elementais fitilhos, guizos, penduricalhos e bugigangas como tarraxa de brinco e pedrinhas. Se quiser representar a energia dos elementais, pode imprimir todas as imagens referentes a eles.

Não se sinta na obrigação de fazer um altar para cada elemental; em um mesmo altar, você pode ter conexão com todos eles. É provável que muitas vezes você faça a magia no chão, e não tem problema, você estará se conectando à energia da terra. O altar é uma porta para a própria natureza, para os espíritos da floresta e para o mundo dos elementais.

Você também pode representar a energia dos quatro elementos por meio de símbolos mágicos como estes abaixo, que representam os símbolos alquímicos deles:

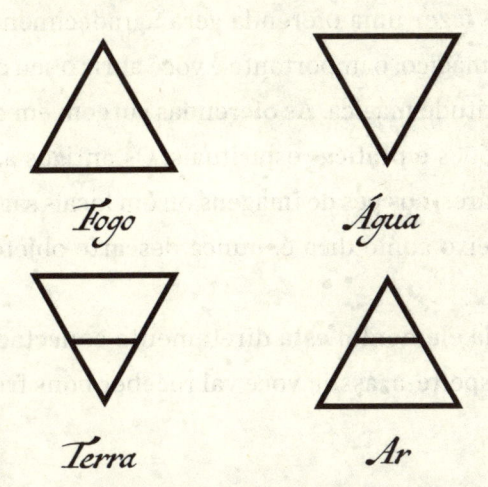

Fogo

Água

Terra

Ar

Nesse altar, você fará as oferendas aos elementais. Tenha um prato apenas para isso. Não precisa ter muita coisa, pode fazer uma entrega simples e com amor. Lembre-se: a magia elemental é simples!

OFERENDAS AOS ELEMENTAIS

Como os elementais são seres que caminham pelo mundo espiritual e o mundo dos humanos, é costume fazer oferendas às suas energias. Lembrando que oferenda é oferecer algo, como um presente; não é um sistema de troca, em que se oferece uma maçã e pede algo em troca.

COMO FAZER OFERENDAS AOS ELEMENTAIS

Primeiramente, lembre-se de que, para fazer uma oferenda, você não precisa necessariamente ter a imagem de um elemental na sua frente. As imagens de elementais são representações e gestos de carinho com a energia elemental.

O ato de fazer uma oferenda gera agradecimento à energia daquele ser mágico; o importante é você abrir o seu coração para fazer essa atitude mágica. As oferendas surgem em diversas tradições, religiões e práticas espirituais. Os antigos as faziam em templos, altares, aos pés de imagens ou em locais sagrados.

O que deixo como dica é: nunca descarte objetos ou suje a natureza.

A energia elemental está diretamente conectada à natureza, então respeite-a; assim você vai receber bons frutos da Mãe Terra!

Você sabia que a oferenda mais tradicional aos famosos gnomos é a maçã vermelha? Mas por que a maçã? Ela é uma fruta que representa a sabedoria, o amor e o coração. Ao oferecer uma maçã à energia dos elementais, você está abrindo seu sentimento e trazendo carinho àquela energia!

Fazer a oferenda é bem simples: deixe a fruta próxima à imagem do elemental, pode ser até mesmo em um pires ou pratinho, e um copo de água também. A maçã poderá durar semanas, meses ou até anos! Caso murche, basta trocá-la por uma fresquinha.

E COMO SABER SE OS ELEMENTAIS ACEITARAM A ENERGIA?

Verifique se a fruta secou! Caso ela tenha apodrecido, significa que a energia foi recusada. Lembre-se de que a energia elemental é espiritual e sutil; a maçã raramente aparecerá mordida, o elemental suga a energia de forma etérica.

Não faça oferendas apenas para fazer pedidos, faça-as de coração aberto, para se conectar às forças elementais.

Deixo aqui algumas dicas de oferendas aos elementais, mas isso é livre: fazer uma oferenda é um gesto de carinho que está ao seu alcance, e tenho certeza de que os elementais vão adorar.

1) Muitas vezes durante um ritual, ou quando estamos comendo, o alimento cai da mesa ou de nossas mãos. Deixe-o para o elemental. Isso quer dizer que ele está chamando sua atenção para que faça uma oferenda a eles;
2) Há uma lenda que diz que leite que cai no chão nunca deve ser limpo. Pois é! Dizem que leite caído no chão é uma oferenda para as fadas. E limpá-lo trará azar para seu caminho.

Caso isso ocorra, a dica que dou é mentalizar essa oferenda às fadas, agradecer e limpar. Não vá deixar o leite lá apodrecendo no chão por semanas por medo das fadas, ok?;
3) Caso for oferecer algum objeto, deixe-o no altar para aquele elemental, e mude-o sempre que desejar. Você também pode deixar um objeto no altar para que ele seja energizado pelo elemental: peça para que ele carregue a energia daquela joia mágica, acessório ou objeto e depois utilize-o junto a você.

OFERENDAS AOS ELEMENTAIS DAS ÁGUAS

Conchas, pérolas, madrepérolas, abalones, frutas, espelhos, colares, brincos, joias, sucos, vinhos, bebidas, perfumes, taças e cálices com bebidas.

OFERENDAS AOS ELEMENTAIS DO AR

Flores, penas, pétalas, filtro dos sonhos, sino dos ventos, incensos, livros, cantos, assovios, danças, aromas em geral.

OFERENDAS AOS ELEMENTAIS DO FOGO

Pimentas, canela, cravo-da-índia, carvão, café, especiarias em geral, fogo em um caldeirão, lenha, pinha (adoro colocar na fogueira para as salamandras!).

OFERENDAS AOS ELEMENTAIS DA TERRA

Ervas, pedras, cristais, sal, vasos com plantas, grãos, frutas, sementes.

A energia elemental está diretamente conectada à natureza, basta respeitá-la para colher seus frutos.

Todos os elementais possuem uma conexão energética com as oferendas, por isso dance, cante e celebre! Todos se conectam a isso.

IMAGEM OU ELEMENTAL QUEBRADO

Caso sua representação de elemental esteja com alguma parte quebrada, não fique em pânico! Você pode arrumar, colar ou fazer remendos nela. Não precisa descartar a imagem. Fique à vontade para trocar a roupinha de seu duende, colar a cauda de sua sereia caso tenha quebrado ou colar o chapéu de seu gnomo. Lembre-se de que essas imagens são representações de elementais, e que todo cuidado que você tem com elas gera boas energias a eles.

DESCARTANDO A IMAGEM DO SEU ELEMENTAL

Caso um dia você não queira mais a imagem do seu elemental, não se preocupe. Existe um ritual simples para fazer antes de doá-la ou jogá-la fora. Coloque a imagem próxima do seu coração e repita:

"Agradeço imensamente por toda a sua magia, Desejo que nós possamos nos reencontrar um dia!"

Doe a imagem ou a representação do elemental, tenho certeza de que ele fará parte do caminho de alguém e que trará muitas boas energias para outra pessoa.

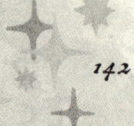

ORAÇÃO AOS ELEMENTAIS

"Pequeninos guardiões,
Seres de luz infinita,
De dia me tragam a paz,
De noite, os dons da magia.
Invisíveis guardiões,
Protejam os quatro cantos da minha alma,
Os quatro cantos da minha casa,
Os quatro cantos do meu coração."

A VARINHA DOS ELEMENTAIS

As varinhas mágicas, também chamadas de bastões mágicos, são um dos principais instrumentos utilizados pelos praticantes de magia. Elas servem para canalizar e potencializar a energia da pessoa que pratica magia, junto às forças das árvores e de todo e qualquer objeto que acompanhe a varinha, como cristais, metais ou símbolos mágicos.

A varinha mágica potencializa a energia da bruxa, conduz seu potencial de magia e projeta essa energia para onde ela desejar. São usadas para traçar círculos mágicos, encantamentos, lançar feitiços, escudos de proteção, consagrações, bênçãos, banimentos, entre outras funções.

Ela é uma extensão de sua energia corpórea junto aos elementos que estão presentes nela: a madeira, os cristais, os símbolos e adornos que a preenchem. Pode ser utilizada para abençoar e consagrar objetos, imagens de elementais, conectar-se às forças elementais, traçar círculos mágicos, formar escudos de proteção, enviar magias e encantamentos ou potencializar seus feitiços.

Sempre que for fazer seu ritual, você pode utilizar a sua varinha para abrir círculos mágicos ou para direcionar energia, como se ela fosse a extensão de seu braço. Sua mão de poder, aquela com a qual você escreve, é a sua maior varinha!

FAZENDO SUA VARINHA

Nunca arranque nem corte um pedaço de madeira diretamente da árvore para confeccionar a sua varinha! Você deverá buscar por ela diretamente no chão. A varinha chamará a sua atenção quando você estiver em busca de uma em um parque ou floresta, pegue-a e sinta a energia dela. Verifique se a madeira está forte e firme, se o tamanho lhe agrada, peça licença às energias daquela árvore e leve a varinha para casa.

Você pode decorá-la com o que desejar: fitas, guizos, biscuit, cristais, pirografia ou símbolos mágicos. A varinha sempre tem a cara do dono, ela capta a energia da pessoa e se manifesta nela.

As varinhas também podem ser compradas sem problema algum, e também existem varinhas de metal ou feitas com cristais e pedras preciosas.

CONSAGRANDO SUA VARINHA

Com sua varinha pronta, você deverá fazer o seguinte ritual durante uma lua cheia. Separe:

- 2 rosas brancas;
- Perfume de sua preferência;
- 1 vela verde;
- Ramos de alecrim (fresco ou seco);
- 1 incenso de alecrim.

Vista-se com roupas brancas ou claras para o ritual. Abra o círculo mágico e visualize um círculo branco ao seu redor. Você deverá passar a varinha em cada um dos elementos, começando pela fumaça do incenso, repetindo o seguinte encantamento:

"Energias do leste, portais do ar, espíritos dos ventos! Consagrem e abençoem esta varinha, com a força dos elementais do ar!"

Após isso, faça um círculo com o alecrim ao redor da mesa ou do chão em que você está fazendo o ritual, erga as mãos e repita:

"Energias do norte, portais da terra, espíritos da natureza! Consagrem e abençoem esta varinha, com a força dos elementais da terra!"

Pegue o perfume e passe suavemente em cima da varinha repetindo:

> *"Energias do oeste, portais da água,*
> *espíritos dos oceanos!*
> *Consagrem e abençoem esta varinha,*
> *com a força dos elementais da água!"*

Acenda a vela verde, segurando-a em suas mãos, passe por cima da varinha fazendo espirais e repita:

> *"Energias do sul, portais do fogo, espíritos das chamas! Consagrem e abençoem esta varinha, com a força dos elementais do fogo!"*

Pegue as rosas e despetale-as suavemente, cobrindo toda a sua varinha. Em cada pétala, mentalize aquilo que deseja que ela atraia para você, junto à força dos espíritos elementais da natureza. Após terminar de despetalar, coloque as duas mãos em cima da varinha e repita:

> *"Que neste momento*
> *As forças elementais estejam presentes*
> *Dentro deste círculo mágico!*
> *Peço que consagrem e abençoem esta varinha,*
> *Em nome de (diga seu nome),*
> *Para que ela obedeça somente a mim.*

Que seja utilizada com sabedoria e poder!
Que assim seja e que assim se faça!"

Agradeça às energias presentes em seu círculo, destrace-o e deixe a vela queimar até o final. Quando a vela terminar de queimar, pegue as pétalas de rosas e o alecrim e faça uma oferenda às energias da natureza, de forma ecológica.

PRÁTICAS MÁGICAS COM CRISTAIS

Antes de utilizar seus cristais para conectar-se à energia dos elementais, é importante que eles estejam limpos, energizados e programados. O passo a passo é simples, como você verá a seguir.

LIMPEZA

Limpe o cristal na fumaça de um incenso. Deixe-o um pouco na terra ou em um vaso e em seguida passe suavemente na chama da vela, sem encostar. Dependendo do cristal, borrife um pouco de água com sal grosso. Tome cuidado! Alguns cristais não devem ser colocados na água ou no sal, pois podem perder a cor e estragar.

ENERGIZAÇÃO

Nunca deixe o cristal tomar longos banhos de sol, eles são delicados, assim como nossa pele. Deixe cerca de uma hora durante o sol ameno, pode ser no nascer ou no pôr do sol, e também sob a luz do luar. Lembre-se de que a lua sempre está no céu, mesmo que você não a veja.

A energização pode ser solar, lunar ou ambas. Siga sua intuição, deixe os cristais próximos à natureza, vasos e plantas para energizar. Eles adoram!

PARA PROGRAMAR

Segure o cristal próximo ao coração, mentalizando uma luz verde saindo de dentro do seu peito e indo para o cristal. Mentalize aquilo que você deseja para aquele cristal; por exemplo: sorte, amor, proteção, uma viagem, um emprego.

Depois leve-o junto a você. Caso queira reprogramá-lo, limpe-o novamente, energize-o e programe-o para outra função.

Se utiliza seu cristal diariamente como um acessório mágico, não deixe de limpá-lo e energizá-lo pelo menos uma vez por semana, pois eles absorvem a energia externa.

Eu tenho o costume de energizá-los sempre para os gnomos, pois são eles os elementais que cuidam dos minérios da terra. Você também pode deixar os cristais próximos aos gnomos para atrair boas energias para sua casa ou para o seu trabalho!

Cuidados especiais

Cristais que não devem ser expostos ao sol
Cristais rosa, cristais violeta, fluorita, pedra-da-lua, água-marinha e quartzo verde.

Cristais que não devem ficar em imersão na água

Selenita, rosa-do-deserto, cianita, bronzita, lápis-lazúli, pirita, malaquita, enxofre, howlita, mica, angelita e bornita.

Cristais que não devem ter contato com sal

Selenita, opala, pedra-da-lua, malaquita, calcita, âmbar, crisocola, olho-de-tigre, olho-de-boi, olho-de-gato, olho-de-falcão, azurita e turquesa.

Dicas de limpeza energética

Defumação com incensos, sobre a chama de uma vela, palo santo ou sálvia branca.
Deixe de 1 a 3 horas junto à selenita para purificação.
Deixe de 1 a 3 horas na água com 1 pitada de sal.
Deixe tomando banho de sol ou de lua por 6 horas.

Como usar seus cristais

- Carregue-os junto a você em uma bolsa ou em um saquinho;
- Segure-o para receber suas energias;
- Use como elixir de cristais (com água solarizada);
- Deixe em vasos de plantas ou pela casa;
- Mentalize seu desejo e carregue-o junto a você;
- Deixe em ambientes de trabalho ou em seu lar.

MAGIAS DO CALDEIRÃO

Como já contei a você, minha prática na magia iniciou-se muito cedo, quando, mesmo sem saber quais praticar, eu utilizava o caldeirão como um poderoso instrumento mágico. Por meio de misturas mágicas com ervas, desenvolvia minhas poções e feitiços de forma intuitiva.

Aos 10 anos, eu já pedia para minha mãe tomar um pouco de minhas experiências mágicas, como poções de amor e limpeza (vulgo água com rosas, canela, leite e mel).

Aos 16 anos, depois de eu iniciar na Bruxaria Natural, o caldeirão ficou cada vez mais presente em minhas práticas de magia. O útero da Grande Mãe, a "panela" mágica das grandes bruxas e feiticeiras, é o local em que podemos ferver nossos banhos, chás, queimar nossas ervas para magias, desejos de agradecimento, banimento e queimar as energias indesejáveis em nossos caminhos.

Hoje, já mais velho, após muitos me julgarem por usar o caldeirão do jeito errado, vejo que não existe um modo mais potente e eficaz de utilizá-lo do que como uma criança com bondade e intenção no coração. Se você não tem um caldeirão ainda, saiba que a durabilidade e os caminhos que ele abre na prática da magia são um ótimo investimento.

Por que fazemos desejos às estrelas cadentes?

A história diz que tudo começou por volta do ano 150 a.C., na Grécia, depois de Ptolomeu, famoso astrônomo da época, dizer para as pessoas que elas deveriam fazer pedidos às estrelas cadentes. Segundo ele, esse era o momento em que os deuses estavam entediados e ficavam espiando a Terra. Assim, qualquer pedido feito seria atendido, pois os deuses estariam olhando para nós.

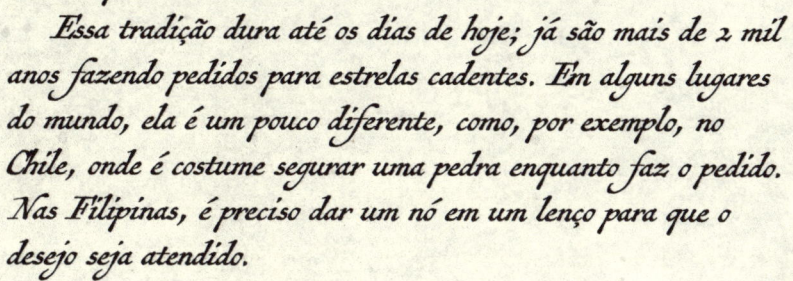

Essa tradição dura até os dias de hoje; já são mais de 2 mil anos fazendo pedidos para estrelas cadentes. Em alguns lugares do mundo, ela é um pouco diferente, como, por exemplo, no Chile, onde é costume segurar uma pedra enquanto faz o pedido. Nas Filipinas, é preciso dar um nó em um lenço para que o desejo seja atendido.

PARTE 4
Práticas e rituais mágicos

INICIANDO NA MAGIA

Não existe idade certa para dar início às práticas da magia elemental. Eu, por exemplo, sempre fui fascinado pelo mundo da magia. E, desde pequeno, lia que, para começar a praticar precisaria ter um quarto específico apenas para os rituais ou traçar um círculo de sal ao meu redor para fazer as magias.

Cheguei a pedir para minha que liberasse o escritório de casa para eu fazer um altar, e ela decretou: "Óbvio que não". Nesse ponto, acreditei que nunca poderia ser um bruxo por não ter tudo o que os livros diziam que eu tinha de ter: imagens de uma deusa, instrumentos cerimoniais, um espaço delimitado para os rituais mágicos.

Mesmo descrente, continuei com minhas práticas. Fazia poções bizarras na panela, com misturas de rosas, leite e açúcar e dava para as pessoas da minha família beberem. Com o passar do tempo, percebi que o que eu estava fazendo era a verdadeira prática mágica. Lembro-me de ter escrito o meu primeiro grimório em 2000. Nele, eu apresentava o que criava, já que na minha cidade era impossível achar beladona, mandrágora ou pelos de lobo para comprar. "Para fazer essa magia, você precisa de um pelo de lobo, pode buscá-lo no zoológico mais próximo." Quando criança, eu até perguntava: "Mãe, me leva ao zoológico? Preciso de um pelo de lobo". Só que nunca consegui esse pelo até hoje.

Então percebi que precisava criar meus próprios feitiços, com coisas de fácil acesso para conseguir realizar a minha magia. Utilizava aquilo que estava ao meu alcance: ervas da cozinha, flores do jardim e principalmente imagens da internet. Eu imprimia imagens de gnomos, fadas, unicórnios e criaturas mágicas e colava por todo o meu altar, porque naquela época não tínhamos como comprar coisas pela internet e existiam pouquíssimas lojas com duendes e gnomos (fora que o valor cobrado por esses itens nas poucas lojas que existiam era altíssimo).

Eu simplesmente pegava uma panela para iniciar as práticas mágicas. Ainda não tinha meu caldeirão nem minha varinha mágica. Inclusive, minha primeira varinha foi um incenso. Depois que fiquei mais velho, me dei conta de que a magia elemental esteve presente na minha vida desde muito cedo e o que a tornou viável foi a minha persistência em colocá-la em ação e estabelecer uma conexão com os seres da natureza. Nossa, lembro-me de quando ganhei meu primeiro duende. Ele tinha um chapéu rosa e as pernas todas molengas, e talvez fosse meu melhor amigo naquela época; eu passava horas batendo altos papos com ele, trocando-o diariamente de lugar para que ele se sentasse por todas as prateleiras e estantes da minha casa.

Em sua prática, você poderá incrementar seus rituais com velas, cristais, incensos ou símbolos mágicos. Mas mostrei a você a minha primeira vivência com a magia natural para que entendesse que a magia é livre e que você tem todo o direito de criar e desenvolver a sua por meio dos seus princípios e do que tem ao seu alcance. A magia criada por você terá muito mais poder e potência do que uma que você pegou a receita e foi atrás de pelo de lobo. A magia elemental não tem estereótipos nem faz julgamentos, você não causará mal a ninguém nem a si mesmo, pois acessará o poder de seu eu interior – o poder da sua criança interior – de acreditar em magia.

A magia elemental não tem estereótipos nem faz julgamentos, você não causará mal a ninguém nem a si mesmo, pois acessará o poder de seu eu interior – o poder da sua criança interior – acredite em sua magia.

MAGIAS ELEMENTAIS DA ÁGUA

BANHOS MÁGICOS: A CONEXÃO COM OS ELEMENTAIS DAS ÁGUAS

Os banhos mágicos auxiliam no reequilíbrio energético do corpo, atuando diretamente nos planos físico, mental, emocional e espiritual.

Muitas vezes, é difícil saber quais ervas utilizar para esse tipo de banho. A dica que dou é: siga sua intuição. Com certeza você tem algumas ervas ou temperos em casa, e não é por acaso.

Use a criatividade no momento que for formular seu banho mágico, use sua inspiração!

Para banhos de prosperidade, amor e abundância, acrescente um pouco de açúcar. E sempre que for mexer o banho, circule a colher de pau em sentido horário, mentalizando o que deseja prosperar.

No caso de banhos de limpeza, purificação e banimento, acrescente um pouco de sal. E lembre-se de, dessa vez, mover a colher no sentido anti-horário, mentalizando aquilo que deseja remover de seu caminho.

Os banhos podem ser jogados sempre na cabeça, a não ser que você não fique à vontade com isso. Eu sempre fiz dessa forma e sempre me atraiu boas energias!

Tenha em mente que a magia deve ser feita com amor e carinho. Respeite suas vontades e desejos!

Sei que o tempo muitas vezes é escasso, e fazer algo elaborado é complicadíssimo, por isso vou ensinar você a fazer um banho mágico rápido, prático e simples! Você não vai precisar ferver um caldeirão ou colher ervas em um jardim próximo à sua casa.

O banho mágico é uma das práticas mais importantes da magia, e tem ligação direta com os elementais da água. Por isso, sempre que for prepará-lo, peça a eles que abençoem o seu banho. Vamos ao passo a passo?

Primeiro de tudo, tenha uma leiteira, panela ou recipiente para preparar os seus banhos. Não importa o material, o que aconselho é ter um recipiente específico só para os banhos mágicos. Você não vai querer usar um recipiente com cheiro de fritura do bife de domingo. Essa panela vai ser seu caldeirão mágico para preparar banhos. Se quiser, pode dividir com outras pessoas de sua casa, sem problema algum.

O banho mágico consiste em misturar ervas secas ou frescas dentro da água. As ervas frescas sempre vão ter energias melhores que as secas, por estarem mais vivas. Não tem problema usar ervas secas, mas como não sabemos sua proveniência, é importante limpá-las antes de utilizar suas energias.

Para isso, posicione sua mão de poder (com a qual você escreve) e faça espirais em sentido anti-horário, visualizando uma luz branca. Você também pode assoprar as ervas suavemente mentalizando uma luz branca envolvendo-as, ou utilizar um incenso de sua preferência para purificá-las.

O banho tradicional é feito com água fervente; então você precisará colocar cerca de um litro de água para ferver. Quando estiver borbulhando, acrescente as ervas desejadas para o banho;

*Tenha em mente
que a magia
deve ser feita
com amor
e carinho.*

a cada erva acrescentada, mentalize as energias que deseja que venha ao seu banho, pouco a pouco. Depois, misture com a colher de pau e deixe descansar por cerca de cinco minutos. Coe a mistura, acrescente água gelada e tome seu banho.

As ervas podem ser reutilizadas como adubo, ou colocadas em um caldeirão e secadas ao sol, podendo ser utilizadas para acendê-lo.

Na hora do seu banho mágico, aconselho que coloque uma música da qual goste. Pode acender velas de réchauds no banheiro e também incensos (eu particularmente não acendo incensos durante o banho por conta do vapor, me sinto sufocado).

Tome seu banho normal, o de limpeza e higiene pessoal. Quando acabar, despeje aos poucos o banho mágico sobre o corpo. Em seguida, busque visualizar luzes vindo a você. Peça aos elementais das águas que abençoem seu corpo e renovem sua energia.

Não é necessário esperar a água do banho secar naturalmente em seu corpo para receber a energia dele, siga da forma como se sentir mais à vontade. Apenas tenha em mente que as ervas e a água devem ficar em contato com seu corpo por pelo menos um minuto, após isso você poderá se secar.

E pronto! Seu banho mágico foi concluído com sucesso! Aconselho você a tomar banhos mágicos no mínimo uma vez ao mês. Faz parte da minha rotina tomar um pelo menos uma vez por semana. Mas não precisa ficar encanado com tomar banhos mágicos todos os dias.

Uma dica rápida que sempre dou é: utilize sabonetes naturais com ervas. É uma forma prática e rápida de trazer boas energias para o corpo, sem que tenha que fazer todo o ritual dos banhos mágicos. Isso fará com que você sempre se energize com o poder das ervas e dos elementais das águas.

Sugiro também utilizar alguns cristais dentro dos shampoos, condicionadores e sabonetes líquidos. Acrescente cristais de quartzo transparente dentro deles, assim você atrairá boas energias sempre que utilizá-los.

Dica mágica contra elementais das sombras

Quando você estiver se sentindo muito carregado, use sabonete de enxofre! A lenda desse elemento químico é associada ao seu odor, e aos locais onde era encontrado: próximo a vulcões, que são considerados a porta de entrada do inferno.

Por isso, o aroma e o elemento foram associados ao cheiro de espíritos malignos. Tomar banho com um pouco de enxofre vai te auxiliar a remover todas as energias indesejáveis ou espíritos negativos ao seu redor.

E o melhor é que ele é facilmente encontrado em farmácias, e você pode utilizá-lo durante a fase da lua minguante para remover energias indesejáveis do corpo. Tente limitar esses banhos, pois eles possuem uma energia poderosa para banir e expulsar todos os vampiros energéticos e larvas astrais de seu ser, e usá-lo com muita frequência ameniza seu efeito. Basta passar o sabonete pelo seu corpo mentalizando todas as dificuldades e energias negativas saindo.

A varinha das águas

No preparo de banhos mágicos, a colher de pau se torna nossa varinha de poder, e ela deve ser utilizada sempre que necessário, pois potencializa a energia de todos os seus preparos. Desenhe símbolos nela; representações do elemento água como conchas e símbolos mágicos que potencializarão seus banhos e também o preparo de comida e poções.
Você pode até mesmo pirografá-la.
E lembre-se: converse com seu banho, fale palavras positivas. A água tem o poder de captar tudo aquilo que falamos e mentalizamos.

ALGUNS BANHOS MÁGICOS

BANHO DE LIMPEZA ENERGÉTICA

Ingredientes:
- Eucalipto
- Alecrim
- Sal rosa
- Salsa
- Manjericão

Dica: as ervas do banho podem ser tanto secas quanto frescas.

Preparo:
Ponha 1 litro de água para ferver. Em seguida, deposite cada uma das ervas e o sal rosa mentalizando os sentimentos e as energias que deseja limpar e purificar de seu caminho.

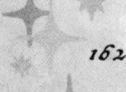

Mexa com uma colher de pau, movendo-a em sentido anti-horário. Desligue o fogo e deixe a infusão descansar por cinco minutos. Coe, e, em seguida, misture com água em temperatura ambiente.

Ao tomar seu banho, jogue a mistura aos poucos em todo o corpo, inclusive na cabeça. Ao fazer isso, mentalize tudo de negativo que deseja remover de seu caminho.

Dica: Caso você esteja muito pra baixo, esse banho vai te auxiliar dando um up em suas energias. Você pode tomá-lo três vezes por semana!

BANHO DE LIMPEZA DAS FADAS

Ingredientes:
- Artemísia
- Arruda
- Eucalipto
- Camomila
- 1 pitada de sal

Dica: refaça o banho sempre que necessário durante a lua minguante.

Preparo:
Ferva os ingredientes, as ervas podem ser secas ou frescas. Misture em sentido anti-horário com uma colher de pau mentalizando tudo o que deseja remover de seu caminho.

Jogue o banho aos poucos no corpo, da cabeça para baixo. Caso não queira jogar na cabeça, pode ser dos ombros para baixo. Ao se secar, dê leves batidinhas com a toalha para manter o aroma das ervas no corpo.

Após o banho, agradeça à energia das fadas por purificarem suas energias.

BANHO PARA AUTOESTIMA

Ingredientes:
- Alecrim
- Cascas de laranja
- Cravo-da-índia
- Louro
- Erva-doce

Lembre-se: os deuses trouxeram você ao mundo por um motivo especial: você é incrível! E é uma pessoa linda do jeitinho que é!

Preparo:

O preparo deste banho é similar ao anterior. Tome-o em qualquer dia ou fase lunar, principalmente se estiver pra baixo! Essas ervas são ótimas para trazer alto-astral! São energizantes, revigorantes e trabalharão sua autoestima e amor-próprio!

BANHO ANTIESTRESSE

Ingredientes:
- Folhas de maracujá
- 10 gotas de óleo essencial de lavanda
- Erva-doce

Dica: esse banho foi criado especialmente para você que anda muito estressado, ansioso ou nervoso. Por isso, tome-o sempre que necessário.

Preparo:

Prepare este banho conforme os anteriores. Na hora que for tomá-lo, acenda uma velinha na cor lilás ou azul-claro e respire fundo. Visualize todas as energias indesejáveis e negativas escorrendo pelo ralo. Banhe-se aos poucos, pedindo para os gnomos trazerem paz e tranquilidade para o seu corpo.

BANHO DOS GNOMOS

Ingredientes:
- 1 punhado de orégano
- 17 cravos-da-índia
- 4 folhas de louro
- 8 sementes de girassol

Dica: esse banho serve para atrair alegria e fartura para o seu caminho.

Preparo:
Misture tudo em sentido horário e tome seu banho mágico. Durante o preparo, peça aos gnomos para trazerem ao seu caminho muitas alegrias e realizações. Tome esse banho sempre que necessário.

O ESPELHO DAS SEREIAS

Os espelhos representam a conexão com o elemento água: seu reflexo representa as águas dos oceanos, como no mito de Narciso, quando ele se apaixona por si mesmo ao olhar seu reflexo nas águas.

Este ritual deve ser feito durante a fase da lua cheia. O espelho das sereias é poderoso para a sedução e a atração.

Pegue o espelho e enfeite completamente as bordas dele com pequenas conchas, pérolas, penduricalhos, brincos, cristais e com o que mais desejar. Ele deve representar a canalização do próprio mar.

Com o auxílio de um castiçal ou um pires por cima do espelho, acenda uma vela da cor azul, sob a energia da lua cheia. Não acenda a vela em cima do espelho para não sujá-lo. Em seguida, recite o seguinte encantamento:

"Faces das águas, sereias dos oceanos,
Tragam a beleza, e a autoestima, e o amor-próprio,
Encantem minha alma com seu canto sagrado.
Tragam ao meu caminho o amor e o poder
Das ondas, das águas, das cachoeiras e dos riachos.
Eu canto sob a lua cheia,
Me encantem com seus dons!"

Deixe a vela queimar até o final. Utilize o espelho sempre que for se arrumar, se maquiar, se enfeitar para sair. O tempo todo, visualize uma luz azul-clara saindo do espelho e vindo na sua direção. Isso conectará você a seu amor-próprio e a sua beleza interior.

ORAÇÃO DAS SEREIAS

Esta oração serve para purificação e limpeza; faça-a durante o banho.

"Poderes das sereias, energias das águas,
Pela fonte da vida, purifique o meu ser,
Purificando o meu espírito e o meu coração.
Remova as mágoas, a ansiedade e a tristeza,

Gere novas energias repletas de luz e bondade,
Para que minha alma brilhe como uma pérola.
Reluza como a luz do sol sobre os oceanos.
Peço, agradeço, aceito e confio a vós,
Poderosas criaturas das águas,
Me energizem!
Me protejam!
Me abençoem!
A partir de agora e para todo o sempre!
Que assim seja e que assim se faça!"

CHÁ DAS SEREIAS

Ingredientes:
- Capim-limão
- Erva-doce
- Gotas de limão
- Açúcar a gosto

Preparo:
Em água quente, adicione os ingredientes, mexendo em sentindo horário com uma colher pequena. O tempo todo, mentalize uma cor azul-clara sobrevoando por todo o chá. Peça para as sereias e os espíritos da água trazerem paz, tranquilidade e bem-estar ao seu caminho. Em seguida, acenda um incenso, respire fundo e aproveite seu chá.

RITUAL DOS TRITÕES PARA REMOVER MENTIRAS

Este ritual atrairá a força e o poder dos tritões para banir toda falsidade e toda mentira que estejam em seu caminho, removendo as brumas e nuvens que trazem ilusões. Pode ser feito para pessoas falsas, relacionamentos ou situações. Não se deve colocar o nome da pessoa, pois a energia será direcionada caso haja falsidade.

Ingredientes:
- Água com sal
- Borrifador para colocar a água
- 3 velas azuis-escuras
- Papel com o desenho de um tridente

Dica: faça esse ritual durante uma lua minguante. Essa fase lunar representa o banimento de todas as energias e mentiras de seu caminho.

Preparo:

Desenhe ou imprima um tridente – símbolo que representa o planeta Netuno e também o próprio deus dos mares na mitologia romana, associado a Poseidon na mitologia Grega. Netuno é o planeta que representa as ilusões e também os tridentes dos tritões.

Abra o círculo mágico, chamando a energia dos quatro elementos e dos tritões.

Coloque uma vela em cada uma das pontas do tridente. Borrife água por todo o local e pelo seu corpo. Aproveite para sentir a energia dos tritões colocando uma música com sons do mar e dos oceanos.

Acenda cada uma das velas e repita o seguinte encantamento a cada vela acesa:

"As névoas se dissolvem, as mentiras desaparecem!
Pelo poder e força dos tritões,
Com a energia de seus tridentes,
Toda falsidade é banida de meu caminho,
Para que a luz da verdade apareça,
Abrindo meus caminhos para a alegria
e para o sucesso!
Elementais das águas, escutem meu pedido!
Traga a verdade para que tudo seja resolvido!
Pelos poderes de Netuno,
Que assim seja e que assim se faça!"

Repita o encantamento com cada uma das velas e deixe-as queimar até o final. Quando isso acontecer, borrife a água sobre o papel até que ele se desmanche e dissolva. Descarte tudo no lixo, pedindo para que todas as energias negativas sejam banidas e as mentiras desapareçam. Não se esqueça: sempre, ao final do ritual, agradeça e destrace o círculo. Agradeça e repita sempre que necessário!

RITUAL PARA CONECTAR-SE ÀS ONDINAS

Este ritual deve ser feito próximo às águas. Pode ser no mar, em uma lagoa ou até mesmo no chuveiro.

Submerja suas mãos nas águas, mentalizando uma luz de cor azul entrando em seu corpo. Uma luz que vai subindo como as ondas dos mares por todo o seu ser. Enquanto a luz entra em você, deixe a paz e a tranquilidade fazerem parte do seu ser. Cada vez que essa luz preencher seu interior, sinta seu corpo cada vez mais leve e tranquilo, deixando as águas purificarem o seu ser até sentir todo o corpo brilhante com uma linda luz azul. Repita o seguinte encantamento:

> *"Ondinas das águas,*
> *Do mar, dos oceanos,*
> *Dos rios, das lagoas,*
> *Das cachoeiras, do infinito,*
> *Limpem e purifiquem o meu ser,*
> *Recarreguem minhas energias,*
> *Trazendo o brilho das águas em meu ser.*
> *Peço, neste momento,*
> *Que abençoem meu campo energético,*
> *Trazendo a reconexão com as águas internas,*
> *Que assim seja e que assim se faça!"*

Sempre que estou em contato com o mar, faço esse ritual. Ele é simples e muito poderoso. Faça-o no tempo que achar necessário. Ele pode durar horas. Converse com a energia das ondinas, sinta-as ao seu redor e peça que elas cuidem de suas energias.

RITUAL DE MELUSINA PARA ABERTURA DOS CAMINHOS DO AMOR

Ingredientes:
- Imagem impressa de Melusina
- 3 cálices de água
- 1 sodalita

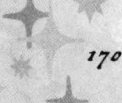

- 1 quartzo rosa
- 1 quartzo transparente
- 1 lápis
- 1 papel em branco

Preparo:
Durante a lua nova, abra o círculo mágico, mentalizando os oceanos ao seu redor. Escreva no papel em branco seus desejos a Melusina; no final, assine e coloque seus agradecimentos ao desejo. Nunca escreva o nome de terceiros em suas magias, apenas aquilo que você deseja, sem interferir no livre-arbítrio de outros. Coloque o desejo embaixo da imagem, os cálices posicionados ao redor dela, formando um triângulo. Em seguida, coloque a sodalita em um dos cálices e recite:

*"Cristal das águas, escute o meu chamado,
traga o meu desejo já realizado.
Traga a tranquilidade e a paz para
a minha mente, faça com que meus desejos
cresçam como uma semente."*

Coloque o quartzo rosa em outro cálice e recite:

*"Cristal do amor, escute o meu chamado,
traga o meu desejo já realizado.
Traga o amor e a abertura de meus caminhos, retire as dificuldades para que saiam de fininho!"*

Coloque o quartzo transparente no último cálice e recite:

*"Cristal da luz, escute o meu chamado,
traga o meu desejo já realizado.
Concretize meus pedidos e tudo que foi
mentalizado para que o meu sonho seja afirmado!"*

Deixe os cristais por vinte e quatro horas ao redor da imagem. No dia seguinte, enterre o desejo e a imagem de Melusina embaixo de um vaso, tome a água de cada cálice, afirmando o seu desejo mentalmente. Pegue os três cristais, guarde-os em um saquinho branco e carregue com você.

MAGIAS ELEMENTAIS DO AR

ELEMENTAIS DO AR E OS INCENSOS

Queimar incensos são gestos de agradecimento, prece, meditação e conexão com os elementais:

- Aromas picantes e quentes são associados ao fogo;
- Aromas cítricos e mentolados são associados à água;
- Aromas florais e frutados são associados ao ar;
- Aromas terrosos e amadeirados são associados à terra.

Isso não é uma regra, afinal, os elementais gostam mesmo é de serem agradados.

Deixo aqui alguns tipos de incensos para conexão com os elementais do ar e seus respectivos significados:

- **Absinto:** cura, clarividência, estimulante;
- **Alecrim:** alegria, felicidade, autoestima, sucesso;
- **Alfazema:** calma, limpeza, tranquilidade;
- **Arruda:** limpeza, descarrego, purificação;
- **Almíscar:** afrodisíaco, sensualidade, atração;

- **Baunilha:** maternidade, amor, sedução;
- **Benjoim:** paz, meditação, tranquilidade;
- **Camomila:** paciência, prosperidade, calma;
- **Canela:** estimulante, fartura, prosperidade;
- **Capim-limão:** cura, limpeza, relaxamento;
- **Chocolate:** sedução, amor, alegria;
- **Citronela:** cura, limpeza, paz;
- **Coco:** paz, harmonia, bons relacionamentos;
- **Cravo:** amor, sedução, fortuna;
- **Dama-da-noite:** sedução, purificação, atração;
- **Erva-doce:** amor-próprio, gentileza, harmonia;
- **Eucalipto:** cura, saúde, limpeza;
- **Guiné:** descarrego, banimento, limpeza;
- **Jasmim:** paz, sedução, amor;
- **Laranjeira:** estimulante, alegria, autoestima;
- **Lavanda:** paz, tranquilidade, meditação;
- **Limão:** equilíbrio emocional, limpeza, cura;
- **Lótus:** meditação, harmonia, relaxamento;
- **Maçã verde:** cura, saúde, alegria;
- **Manjericão:** estimulante, força, poder;
- **Mirra:** foco, disciplina, meditação;
- **Olíbano:** meditação, tranquilidade, paz;
- **Orquídea:** sedução, alegria, amor;
- **Palo santo:** limpeza, purificação, paz;
- **Patchouli:** amor, prosperidade, harmonia;
- **Pimenta:** banimento, quebra de magias, contra inimigos;
- **Rosa amarela:** dinheiro, fartura, abundância;
- **Rosa branca:** paz, limpeza, purificação;
- **Rosa vermelha:** amor, sedução, atração;
- **Sálvia:** limpeza, purificação, banimento;

- **Sândalo:** paz, tranquilidade, equilíbrio;
- **Sangue de dragão:** proteção, amor, prosperidade;
- **Verbena:** paz, limpeza, amor;
- **Ylang ylang:** afrodisíaco, sedução, amor.

MAGIA DAS FADAS DO ARCO-ÍRIS

Este poderoso ritual deve ser feito para medir como estão as energias pessoal, do seu lar ou do seu trabalho. Pode ser feito em qualquer fase lunar, usando as seguintes cores de velas:

- **Vermelha:** chacra básico, poder pessoal, ação, força e coragem;
- **Laranja:** chacra umbilical, autoestima, poder pessoal, alegria e motivação;
- **Amarela:** chacra plexo solar, prosperidade, sucesso, ambição, fartura;
- **Verde:** chacra cardíaco, abertura do coração, perdão, saúde, cura;
- **Azul-clara:** chacra laríngeo, fala, comunicação, sapos na garganta;
- **Azul-escura:** chacra frontal, terceiro olho, visão, direcionamento, foco;
- **Lilás:** chacra coronário, espiritualidade, intuição, conexão com os elementais.

Acenda cada uma das velas, de forma que fiquem enfileiradas, com uma distância de um palmo uma da outra. Deixe-as queimar até o final, para verificar como andam as suas energias e de seu ambiente.

O ideal é que as velas queimem praticamente juntas, tente verificar qual teve maior dificuldade de queimar ou que chorou mais:

- A vela que queimar mais rápido representa a energia que estava necessitando de maior atenção;
- A vela que chorar mais representa maiores dificuldades naquela área;
- A vela com a chama mais forte representa boas energias naquela área.

Você pode refazer esse ritual e reacender as velas. Quando repeti-lo, perceba que a queima das velas sempre será diferente. Caso elas queimem por completo e de forma harmoniosa, significa que as energias estão boas ao seu redor!

MAGIA DAS FADAS PARA REALIZAR DESEJOS

Em uma noite de lua cheia, acenda uma vela branca mentalizando diversas luzes prateadas cintilando ao seu redor. Feche os olhos e mentalize um desejo. Enquanto estiver visualizando o desejo em sua mente, repita o seguinte encantamento:

"Fadas da lua, fadas do ar,
Tragam sua energia a este lugar.
Fadas bondosas de paz e amor,

*Realizem meu desejo com fervor.
Pela energia dos quatro elementos,
Que meu encantamento se firme neste momento."*

Deixe a vela queimar por completo. Em seguida, vá a um local alto e agradeça às energias das fadas.

RECEITA DE PÓ DAS FADAS

Ingredientes:
- Açúcar refinado (base para o pó)
- Camomila seca
- Pétalas de rosas coloridas
- Flores de jasmim
- Glitter comestível
- Pó de pirita ou pó de ouro
- Canela em pó

Preparo:
Em uma noite de lua cheia, misture os ingredientes dentro de um pilão e triture tudo até chegar ao menor tamanho possível. Acenda uma vela cor-de-rosa e a deixe queimando ao lado do pó mágico para que a energia das fadas consagre e abençoe seu pó feérico.

Quando a vela terminar de queimar, passe o pó pela peneira, para que ele fique bem fino. Caso não tenha algum dos ingredientes, fique à vontade para substituí-lo com o que estiver ao seu alcance. Use esse pó mágico para vestir velas em rituais feéricos sempre que desejar que as fadas abençoem seus rituais e façam seus desejos se tornarem realidade.

CHÁ DAS FADAS PARA ALEGRIA

Este chá é uma receita muito antiga e cheia de magia que as fadas utilizavam em dias frios para aquecer corações e trazer alegria ao seu caminho.

Ingredientes:
- Casca de 1 laranja
- 6 cravos-da-índia
- 1 pitada de canela
- Essência de baunilha

Preparo:
Ferva todos os ingredientes e mentalize coisas boas! Mexa o chá com uma colher de pau em sentido horário. As ervas que o compõem são energizantes e trarão muita energia para o seu caminho! Caso deseje, pode adoçá-lo.

GUIRLANDA DA ALEGRIA DOS PIXIES

Este ritual é perfeito para fazer próximo à primavera, que é quando a energia das flores e dos elementais do ar está fortemente presente ao nosso redor.

Você vai precisar de um aro de acrílico ou de madeira (como aqueles de bordado) para fazer a guirlanda dos pixies. Decore-o com fitas, fitilhos, guizos, flores ou plantas artificiais. Pode também acrescentar rendas, tecidos e o que mais desejar. Caso queira colocar penas, também são muito bem-vindas! Mas lembre-se de pegar apenas penas que foram encontradas no chão, nunca arrancadas de uma ave.

Deixe o centro de sua guirlanda aberto, para que os pixies possam entrar espiritualmente por ele.

Para montar sua guirlanda, abra o círculo mágico, acenda uma vela rosa-clara, um incenso de morango e coloque um cálice de água junto a um quartzo rosa para representar os quatro elementos.

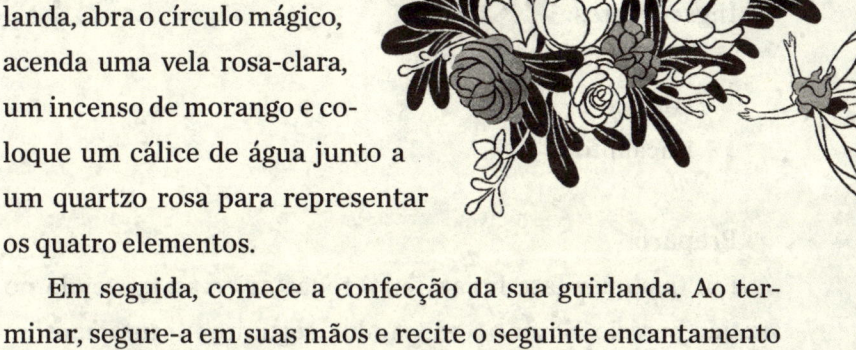

Em seguida, comece a confecção da sua guirlanda. Ao terminar, segure-a em suas mãos e recite o seguinte encantamento cinco vezes:

*"Pixies mágicos e seres de luz,
Consagrem este portal que lhes conduz,
Trazendo alegria e muita harmonia,
Para minha casa sempre estar reluzindo magia!"*

Essa guirlanda protegerá sua casa contra espíritos negativos e energias indesejáveis. É um lindo artesanato que eu costumo fazer durante a primavera, para deixar a casa encantada com os poderes dos pixies!

Coloque-a na porta de sua casa ou de seu quarto, ou também em uma janela, para que os pixies tragam muita alegria e felicidade ao seu caminho. Caso deseje, você pode confeccionar mais guirlandas, ou sempre energizar a sua passando-a pela fumaça de um incenso de sua preferência. Fora que é um lindo presente para oferecer a quem você gosta!

BANHO DOS PIXIES PARA PAZ E TRANQUILIDADE

Ingredientes:
- Pétalas de rosas brancas
- Hibisco
- Eucalipto

Preparo:
Em qualquer fase lunar, ferva todas as ervas, mexendo no sentido horário. Entoe o tempo todo o seguinte encantamento:

"Sou feliz, alegre e sorridente!
Abençoem este banho, pixie contente,
Sou feliz, alegre e sorridente!
Flores são bem-vindas como um presente!"

Tome esse banho da cabeça para baixo, visualizando uma luz cor-de-rosa banhando seu corpo. Repita sempre que necessário para trazer tranquilidade, paz e harmonia!

MAGIAS ELEMENTAIS DO FOGO

ORAÇÃO AOS ELEMENTAIS DO FOGO

*"Abençoadas sejam as energias do fogo!
Fogueira dos ancestrais,
Traga a sabedoria de nossos antepassados
aos nossos caminhos.
Abençoe nosso passado,
Nosso presente,
Nosso futuro,
Com a chama de poder,
Aquela que transmuta e ilumina,
Trazendo os conhecimentos da natureza.
Sagrado seja o povo do fogo!
Ahow!"*

ORAÇÃO DO AMOR DIVINO AOS ELEMENTAIS DO FOGO

Para abrir os caminhos no amor, acenda uma vela vermelha e recite a seguinte oração aos elementais do fogo:

*"Sagrada seja a união perfeita,
O equilíbrio e a harmonia entre as energias,
Que o poder do amor possa me abençoar,
Hoje e em cada dia de minha vida.
Que os deuses e as deusas me consagrem
com seus laços
De compaixão, amor e alegria.
Junto ao elo da grande natureza,
Onde o céu e a terra se encontram
em divino amor."*

MAGIA DAS SALAMANDRAS

Um ritual simples de conexão com as salamandras é o acender de um caldeirão. Coloque um pouco de ervas secas com um pouquinho de álcool 90º e acenda com cuidado. Olhe para a chama, e veja como a energia das salamandras se apresenta para você.

Peça para que elas o limpem, transmutem e purifiquem as energias de seu caminho. Converse com elas, com certeza atenderão seus desejos.

FEITIÇO DE PROTEÇÃO DAS SALAMANDRAS PARA O LAR

Este feitiço pode ser usado para proteger sua casa contra energias e visitas negativas.

Pegue uma ferradura de cavalo e passe em água-benta. Enterre-a ou a esconda em seu jardim ou dentro de um vaso. Você também pode colocar no batente de seu apartamento, na parte de dentro. Deixe as duas pontas da ferradura direcionadas para baixo e recite o seguinte encantamento:

"Que a proteção se faça presente,
Salamandras do fogo e da forja,
Abençoem e consagrem esta ferradura,
Protegendo a mim e meus entes."

Deixe a ferradura na porta de sua casa e amarre uma fita vermelha nela.

Sempre que desejar recarregar a magia, passe água-benta novamente e amarre mais uma fita.

RITUAL DOS VULCANOS PARA COMUNICAR-SE COM ALGUÉM A DISTÂNCIA

Caso precise que alguém entre em contato com você, faça o seguinte ritual: durante um dia ensolarado, faça um triângulo com a sua mão juntando o dedo polegar, indicador e o dedo médio (os três dedos de poder). Direcione suas mãos, apontando o triângulo ao sol, fazendo com que o astro fique dentro do triângulo de dedos. Feche os olhos e visualize o rosto da pessoa que deseja que entre em contato.

Mentalmente, converse com ela e peça para que ela entre em contato com você, peça para que os vulcanos e as energias das chamas solares tragam a comunicação entre ambas as pessoas. Faça isso por alguns instantes e aguarde a pessoa entrar em contato.

RITUAL DOS DRAGÕES

PARA PROTEÇÃO

Para este ritual, são necessárias pinhas secas e as chamas de uma fogueira ou de seu caldeirão. Pegue a pinha e medite, visualizando uma grande escama de proteção ao seu redor, como as escamas de um dragão. Vá removendo cada parte da pinha e jogando diretamente no fogo. A cada pétala, mentalize uma grande armadura de escamas de dragão protegendo seu corpo.

Repita o seguinte encantamento:

"Peço à energia dos poderosos dragões
Que traga a proteção ao meu caminho,
De toda e qualquer energia indesejável,
Trazendo força e poder em meu coração.
Pelo poder da chama sagrada,
Que assim seja e que assim se faça!"

Jogue a pinha na chama. Se desejar, jogue mais pinhas e medite nessa chama sagrada e conecte-se com a poderosa energia desses seres de energia colossal.

CÍRCULO DE PROTEÇÃO DO DRAGÃO BRANCO

Faça este ritual para trazer proteção a seu lar: mentalize um dragão branco ao redor da sua casa, mordendo sua própria cauda e protegendo seu ambiente contra toda e qualquer energia negativa.

Pegue duas velas brancas e acenda-as na porta de casa repetindo:

"Poderoso dragão branco,
Traga a sua energia neste momento,
Formando um escudo de proteção,
Contra inimigos visíveis e invisíveis,
Ao redor da minha casa,
Poderes das quatro direções,
Pela força dos elementais dos quatro portais,
Que assim seja firmado!
Que assim seja!
Que assim se faça!"

Deixe as velas queimarem até o final. Reafirme esse círculo de proteção ao redor de sua casa uma vez ao ano, de preferência na virada do ano.

FEITIÇO DE LIMPEZA DOS DRAGÕES

Pegue um punhado de sal grosso e desenhe com a ponta do seu dedo indicador três cruzes sobre ele. Passe o sal grosso com o punho fechado pelo seu corpo visualizando um lindo dragão espiritual ao seu redor, protegendo você. Peça licença à sua energia e repita o seguinte encantamento:

"Dragões do ar, da terra, do fogo e da água,
Removam as energias negativas de meu corpo,
Levem para bem longe todo mal,
Soprem sua chama da transmutação,
Batam suas asas contra as energias indesejáveis
E abram meus caminhos para o sucesso e a alegria."

Jogue o punhado de sal grosso por trás de seu ombro esquerdo, mentalizando todas as energias negativas indo embora. Agradeça à energia dos espíritos dos dragões.

ACENDENDO A SUA VELA

- Quando a vela não acende: a sua energia não está propícia para o ritual, busque concentrar-se mais, pois o astral ao seu redor está "poluído" (carregado);
- Pavio que se parte em dois: a energia masculina e feminina dos deuses está presente em seu ritual;

- Ponta de pavio brilhante: sorte e sucesso no seu pedido;
- Vela que chora muito: você está sem forças e com as emoções em rebuliço, o que mostra muitas vezes dificuldades em realizar seu desejo;
- Sobra um pouco de pavio e vela em volta: refaça o ritual e acenda outra vela;
- Se a vela apaga depois de acesa, sem muito vento ao redor: reacenda a vela, reforce seu pedido;
- Quando a vela queima por inteiro: seu pedido foi aceito;
- Quando a vela forma uma espécie de escada ao lado: seu pedido está sendo realizado;
- Quando sobra muita cera no prato: acenda o que sobrou, pois existem forças negativas tentando atrapalhar. Quando terminar, acenda outra e agradeça.

UNGINDO AS VELAS

O método de unção serve para limpar, purificar e energizar o poder da vela, canalizar seu desejo ou agradecimento e potencializar seu encantamento. Para ungi-la, basta passar óleo em suas mãos e espalhar por toda a vela. Eu sigo da seguinte forma:

- De cima para baixo para magias de limpeza;
- De baixo para cima para magias de atração;
- Vice-versa, caso desejar.

Já me deparei com outros praticantes que seguem outras formas de unção. Como sempre fiz dessa forma, que aprendi com a minha avó, e sempre deu certo, continuo com o que funciona.

Existem diversos óleos de unção que podem ser feitos para cada elemental ou energia específica, deixo aqui as receitas de alguns dos meus favoritos!

LIMPEZA DA VELA PRETA DOS ELEMENTAIS DAS SOMBRAS

A vela preta é uma das mais poderosas para banimento e limpeza energética. Ela tem o poder de sugar e remover todas as energias indesejáveis de nossos caminhos. Serve também como uma vela "fita isolante", que bloqueia e isola as energias ruins. Apesar de terem muito preconceito com a energia da vela dessa cor, pois a associam a magias ruins e negativas, ela é, na verdade, uma das principais velas utilizadas pelas bruxas para feitiços de proteção e banimento.

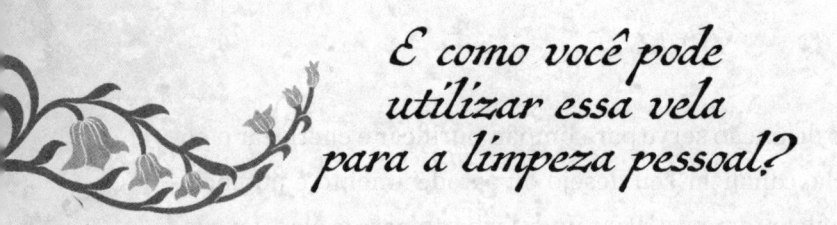

E como você pode utilizar essa vela para a limpeza pessoal?

Vou ensinar algo que sempre faço. Caso esteja sentindo a sua energia muito carregada, esfregue uma vela preta por todo o seu corpo. Se estiver sentindo dor em alguma parte dele, passe a vela no local e peça para que ela sugue e remova toda energia ruim que esteja atrapalhando você.

ÓLEO MÁGICO DOS ELEMENTAIS

Óleos podem ser usados para todo e qualquer tipo de magia, para potencializá-las, gerando proteção e abrindo a conexão dos portais do mundo dos elementais para boas energias.
A seguir, compartilharei com você os ingredientes de diversos óleos para serem usados em várias ocasiões. Todos os óleos devem ser consagrados assim como o preparo descrito a seguir. Faça a consagração desses óleos durante uma lua cheia.

Ingredientes:
- 300 ml de óleo vegetal
- 7 gotas de óleo essencial de lavanda
- 7 gotas de óleo essencial de limão
- Ametista
- Sodalita
- Quartzo verde
- Citrino
- Quartzo rosa
- Quartzo transparente
- Jaspe vermelho
- 1 incenso de alecrim
- Perfume de sua preferência
- 1 vela branca
- 1 pitada de sal

Dica: caso não encontre uma das pedras, substitua por quartzo transparente.

Preparo:

Purifique o ambiente, abra o círculo mágico, segure as pedras uma de cada vez, passe-as pela fumaça do incenso, em seguida borrife o perfume, salpique um pouco de sal e passe-a pela chama da vela. O tempo todo você deverá repetir o seguinte encantamento:

> *"Pelo poder e pela energia das pedras*
> *e dos cristais,*
> *Que neste momento a energia desta pedra conhecida*
> *como (nome da pedra) seja despertada!*
> *Trazendo ao meu caminho proteção, força e luz,*
> *Poder e potência em todas*
> *as minhas práticas mágicas.*
> *Gerando sabedoria em todos os meus encantamentos,*
> *Pela força dos quatro elementos,*
> *Pela força dos elementais da natureza,*
> *Que assim seja e que assim se faça!"*

Em seguida, pingue os óleos essenciais no óleo base, se desejar substituir por outros óleos, fique à vontade, lembre-se de que a magia é livre! Deixe a vela queimar até o final, assim como o incenso. O óleo deverá ficar energizando ao lado deles até a vela acabar.

Dica: utilize esse óleo sempre que for acender suas velas, ele potencializará seus feitiços tornando-os mais eficazes.

ÓLEO DAS FADAS

Use este óleo para criatividade, inspiração, foco, direcionamento, estudos e conexão com a magia feérica.

Ingredientes:
- 200 ml de óleo vegetal de rosa mosqueta
- 3 gotas de óleo essencial de gerânio
- 3 gotas de óleo essencial de rosa
- 3 gotas de óleo essencial de olíbano
- Quartzo rosa
- Quartzo rutilado

ÓLEO DOS GNOMOS

Utilize este óleo para prosperidade, fartura, abundância e sucesso. Ele pode ser aplicado em carteiras, na porta de casa ou no comércio.

Ingredientes:
- 200 ml de óleo vegetal de semente de girassol
- 8 gotas de óleo essencial de laranja ou bergamota
- 8 gotas de óleo essencial de melaleuca
- 8 gotas de óleo essencial de manjericão
- Citrino
- Pirita

ÓLEO DAS SEREIAS

Este óleo mágico pode ser utilizado para canalizar a energia dos elementais das águas. Aplique-o suavemente pelo corpo para limpeza, purificação, equilíbrio e controle da ansiedade.

Ingredientes:
- 200 ml de óleo vegetal de semente de uva
- 7 gotas de óleo essencial de artemísia
- 7 gotas de óleo essencial de eucalipto
- 7 gotas de óleo essencial de lavanda
- Água-marinha
- Madrepérola

ÓLEO DAS SALAMANDRAS

Utilize o óleo das salamandras para criar uma atmosfera mágica de sedução, amor e sensualidade. Ele também auxilia a gerar força, coragem, autoestima e vivacidade.

Ingredientes:
- 100 ml de qualquer óleo vegetal
- 6 gotas de óleo essencial de patchouli
- 6 gotas de óleo essencial de sândalo
- 6 gotas de óleo essencial de ylang ylang
- Cornalina
- Olho-de-tigre

MAGIAS ELEMENTAIS DA TERRA

MAGIA DOS DUENDES

Os duendes são criaturas mitológicas que aparecem em várias histórias do folclore europeu. Apesar de sua origem não ser completamente conhecida, o mais provável é eles tenham surgido junto com elfos, anões e outros seres do além em lendas da mitologia celta e escandinava, em países como Inglaterra, Noruega e Suécia.

MAGIA COM DUENDES PARA TRAZER ALEGRIA E FELICIDADE PARA A SUA CASA

Em uma noite de lua cheia, pegue um punhado de alecrim, um quartzo transparente e duas canelas em pau. Peça aos duendes para abençoarem seus ingredientes. Coloque tudo em um saquinho de cor branca, passe-o pela fumaça de um incenso qualquer, pedindo para que eles tragam felicidade e alegria ao seu lar.

Pendure o saquinho na parte de fora do batente da porta de entrada de sua casa, para que no seu lar nunca falte felicidade e alegria.

MAGIA DOS DUENDES PARA ALEGRIA E FELICIDADE

Pegue um sino e badale-o nos quatro cantos de sua casa.
Grite: ALEGRIA, ALEGRIA, ALEGRIA!
Sorria, coloque uma música divertida e dance junto à energia dos duendes.

Acenda uma vela laranja em seu quarto ou na cozinha de sua casa, deixe-a queimar por completo para que os duendes abençoem seu lar, trazendo felicidade e alegria.

FEITIÇO DE PROSPERIDADE DOS LEPRECHAUNS

Em uma noite de lua crescente, separe oito moedas douradas. Encha um copo com cerveja preta e jogue as oito moedas dentro, recitando o seguinte encantamento:

"1, 2, 3, o leprechaun é meu freguês,
4, 5, 6, meu dinheiro aumenta a cada vez,
7 e 8, venha prosperidade com rapidez!"

Deixe o copo de cerveja na janela até o sol raiar, jogue a cerveja na terra oferecendo aos leprechauns. Pegue as oito moedas douradas e doe para oito pessoas diferentes. O dinheiro virá correndo atrás de você.

MAGIA DE PROSPERIDADE DOS LEPRECHAUNS

Em uma noite de lua crescente, pegue sete moedas douradas, segure-as nas mãos e repita o seguinte encantamento:

*"Leprechauns da fortuna e da fartura,
Tragam a prosperidade para o meu caminho.
Que meus caminhos sejam abertos,
Que o dinheiro nunca me falte,
Que a saúde reine em minha vida,
Que o amor faça parte de meu caminho,
Que assim como o sol brilha no céu,
Minha vida seja radiante!
Que assim seja e que assim se faça!"*

Pegue as moedas e coloque-as em um saquinho de cor dourada. Carregue em sua bolsa durante sete meses. No sétimo mês, doe as moedas para sete pessoas e refaça a magia.

MAGIA PARA BOA SORTE DOS LEPRECHAUNS

Em um papel branco, desenhe um trevo de quatro folhas. E em cada uma das folhas, escreva palavras-chave daquilo que você deseja em seu caminho. No centro do trevo, acenda uma vela na cor verde e coloque uma moeda dourada em cada uma das folhas. Recite o seguinte encantamento:

> *"Leprechauns verdes, moedas douradas,*
> *Que a fonte do arco-íris traga o meu desejo realizado,*
> *Faça com que a natureza se sinta amada,*
> *Traga meu pedido já concretizado."*

Deixe a vela queimar até o final. Em seguida, queime o papel na chama de uma vela ou dentro de seu caldeirão. Pegue as quatro moedas douradas e doe para quatro pessoas diferentes, para que a prosperidade e a boa sorte sejam quadriplicadas em seu caminho e retornem para você.

MAGIA PARA OS BROWNIES

Faça esta oferenda aos brownies para que eles abençoem sua casa com fartura e prosperidade.

Ingredientes:
- Leite
- Açúcar
- Manteiga
- 1 colher de farinha de trigo
- 1 pitada de canela

Dica: faça essa magia sempre que perceber que sua vida está muito desorganizada, ou que muitos objetos estão sumindo de sua casa.

Preparo:
Coloque os ingredientes em um copo, mexa tudo em sentido horário recitando o seguinte encantamento:

> *"Brownies amigos que estão em meu lar,*
> *Que a magia agora faça parte deste lugar,*

*Tragam a alegria e o contentamento,
Abençoem minha casa com prosperidade
neste momento!"*

Deixe a oferenda próxima à janela de sua casa por três dias. Após esse período, descarte de forma ecológica e agradeça à energia dos brownies.

RECEITA DO BOLO DE MEL DOS BROWNIES PARA PROSPERIDADE

Ingredientes:
- 1 xícara de açúcar
- 3 xícaras de farinha de trigo
- ½ colher de sobremesa de bicarbonato de sódio
- ½ colher de sobremesa de fermento
- 1 colher de chá de canela em pó
- 3 colheres de sopa de margarina sem sal
- 1 ovo
- 1 xícara de mel
- 1 xícara de leite

Preparo:
Junte todos os ingredientes e adicione o leite aos poucos, mentalizando toda a energia de prosperidade, alegria e abundância que você deseja atrair nesta receita.

Bata bem e leve para assar em uma forma untada com manteiga e farinha.

Depois de assar no forno a 180 °C por cerca de trinta a quarenta minutos, cubra com o seguinte glacê, levado ao fogo:

Ingredientes:
- 4 colheres de sopa de chocolate em pó
- 1 xícara de açúcar
- 1 colher de sopa de margarina
- 4 colheres de leite

Deixe ferver até o ponto de melado e espalhe o glacê quente sobre o bolo.

Acenda uma vela marrom ao lado do bolo e repita:

"Brownies da terra, da comida e da fartura,
Abençoem agora esta mistura,
Trazendo alegria e prosperidade ao meu lar,
Encanto este bolo junto ao meu altar!"

Deixe a vela queimar ao lado do bolo enquanto ele esfria.

O primeiro pedaço deve ser deixado no altar para os brownies; o resto do bolo você pode comer e saborear com seus amigos e familiares.

RITUAIS, FEITIÇOS E OUTROS ENCANTAMENTOS

RITUAL DA DANÇA DOS ELEMENTAIS

Caso necessite conectar-se à energia dos elementais para trazer alegria, felicidade e harmonia para seu caminho, deixo aqui uma prática de um dos meus rituais favoritos, que aprendi aos 12 anos: o ritual da dança dos elementais. Ele deve ser feito quando você desejar, em qualquer fase lunar e em qualquer horário. Sempre faço quando estou buscando alegrar meu dia e trazer boas vibrações para minha vida. Ele é bem simples. Você vai precisar de algo que represente cada um dos elementos:

- **Fogo:** uma vela;
- **Ar:** um incenso;
- **Terra:** um pouco de sal;
- **Água:** um cálice com água;
- **Éter:** um cristal.

Você pode adaptar cada instrumento de acordo com o que tem em casa. Selecione cinco músicas de sua escolha para conectar-se à energia dos elementais da seguinte maneira e na seguinte ordem:

- **Terra:** músicas xamânicas, com tambores, batidas ligadas à terra;
- **Água:** músicas melancólicas, sentimentais e emotivas;
- **Ar:** músicas feéricas saltitantes, com flautas;
- **Fogo:** músicas agitadas, fortes, pode ser uma bem alegre;
- **Éter:** músicas que toquem sua alma, que tenham uma letra marcante e que signifiquem muito para você.

Organize o espaço de seu ritual, limpando-o fisicamente e espiritualmente com o seu incenso. Visualize um círculo de luzes brilhantes e coloridas se formando ao seu redor.

Coloque a música da terra e solte-se, sinta a energia e a conexão com a terra ao seu redor, deixe que seu animal interior se conecte a você e à energia da terra. Ao dançar, salpique o sal ao seu redor, pelo ambiente, e se jogue.

Com a energia da água, é momento de você se conectar ao seu coração, aos seus sentimentos, trabalhar o perdão e a limpeza emocional. Dance e circule pelos mares e ondas de suas emoções junto ao cálice de água.

Com a música do ar, dance e saltite com as fadas e os espíritos desse elemento, movimente seu incenso pelo ar, mentalizando aquilo que deseja atrair. Escreva seus desejos com ele e traga a vibração da criatividade ao seu ser, dance junto à brisa dos ventos.

Com a música do fogo, sugiro que deixe a vela acesa e dance. Mas dance muito, até ficar suado! Sinta a energia dentro do seu ser, seu coração acelerar e o calor do fogo esquentar seu corpo.

E no éter, segure o cristal em sua mão e sinta a energia dentro de você, conectando-se à sua essência mais pura de paz, tranquilidade e gratidão. Dance como se ninguém estivesse vendo, seja você mesmo, seja verdadeiro com seu ser.

Agradeça às energias desse ritual, visualize o círculo se fechando e deixe as velas queimando, assim como o incenso. Com a água, você pode regar um vasinho de plantas; já o cristal pode carregar com você ou deixar em algum cantinho mágico de sua casa; use o sal para limpar sua casa salpicando-o em cada cantinho dela.

Repita esse ritual sempre que necessário. Se você o fizer corretamente, tenho certeza de que lhe fará muito bem!

RITUAL DOS ELEMENTAIS DO GELO

Faça este ritual com o poder dos elementais do gelo para dissolver problemas, remover pessoas indesejáveis, desbloquear energias que estão estagnadas e afastar empecilhos de seu caminho.

Em uma noite de lua minguante, escreva a lápis em um papel branco tudo aquilo que esteja impedindo a abertura de seus caminhos, quem esteja te incomodando ou gerando problemas, dificuldades, doenças ou energias indesejáveis. Coloque cubos de gelo em cima do papel e repita:

"Que assim como este gelo se dissolve,
Meus problemas se dissolvem.
Assim como ele se transforma,
Minhas dificuldades se transformam
Em boas energias,
Em boas realizações,
Em muito sucesso!
Pelo poder e pela força dos elementais do gelo,

Remova toda desavença de minha vida!
Que assim seja e que assim se faça!'"

Deixe o gelo derreter junto ao papel. No final, descarte o papel de forma ecológica, agradecendo a energia dos elementais do gelo.

FEITIÇO DE CONEXÃO COM OS UNICÓRNIOS

Pegue uma vela na cor branca ou prata e, com um pequeno prego, uma agulha ou seu athame, faça uma espiral de baixo para cima. Essa vela representará o chifre do unicórnio.

Passe um óleo de unção na vela e salpique um pouco de glitter prateado para encantá-la com a energia da cor prata. Coloque a vela em seu terceiro olho, o seu chacra frontal, como um símbolo do chifre dos unicórnios e conexão com a magia divina desses seres. O tempo todo, mentalize o seguinte:

> *"Unicórnios da luz, criaturas celestiais,*
> *Escutem o meu chamado,*
> *conectem-se à minha mente,*
> *Tragam a inspiração divina para o meu pensamento,*
> *Para que minhas criações sejam extraordinárias.*
> *Ilumine o meu caminho com sua luz resplandecente,*
> *Purificando e limpando todo mal que esteja em meu caminho.*
> *Traga a cura, a saúde e a sabedoria em meu caminhar.*
> *Que assim seja e que assim se faça."*

Acenda a vela e deixe-a queimar. Esse feitiço pode ser feito quando você desejar. Sempre que sinto que estou sem ideias ou necessitando de uma luz de criatividade e inspiração, eu executo esse feitiço. Ele também pode ser feito caso esteja sentindo-se muito cansado e com energias indesejáveis ao seu redor.

FEITIÇO PARA REVELAR SEGREDOS

Caso sinta que estão escondendo coisas de você, faça esta magia para que segredos sejam revelados e a verdade apareça.

Em uma noite de lua nova, acenda uma vela azul-clara repetindo o seguinte encantamento:

*"Aquilo que estava oculto veio à luz,
A verdade aparece assim como o sol,
A verdade surge assim como a lua,
A mentira não existe e agora está banida."*

Deixe a vela queimar até o final. A verdade aparecerá para você em até sete dias.

TALISMÃ DE PROTEÇÃO EM VIAGENS

Caso viaje de avião, carro ou navio, passe essência de lavanda em uma moeda de 25 centavos, ou em qualquer outra moeda dourada. Peça para os gnomos e duendes viajantes protegerem você de toda e qualquer energia negativa, do mal ou de acidentes. Acenda uma vela azul em cima da moeda. Depois que a vela queimar por inteiro, leve a moeda com você na viagem!

OS SEGREDOS DAS PORTAS

As portas representam muito mais do que simples passagens; elas representam portais de mundos, aberturas de novos caminhos, jornadas e rumos.

Para remover impurezas e energias indesejáveis, e também auxiliar em seu caminho, pendure acima da porta da frente galhos de alecrim ou de eucalipto fresco e deixe secar.

Mantenha sempre a porta livre e sem objetos na frente, para evitar que seus caminhos sejam fechados energeticamente.

Portas que rangem ou que fazem muito barulho atraem más energias, portanto cuide bem delas. Deixe-as sempre lindas, limpas e energizadas. Além disso, você também pode borrifar nelas água com canela para atrair prosperidade para sua casa ou seu trabalho!

FEITIÇO DE PROSPERIDADE

Durante a fase da lua crescente, separe três nozes e abra cada uma delas. Em seguida, escreva a lápis em um papel branco o que você deseja. Seja bem claro e específico com o seu pedido. Faça mais duas cópias e coloque cada pedido dentro de uma noz. Depois, com um barbante de algodão, dê três nós para fechá-las, deixando seus desejos selados.

Ao terminar, você deverá encontrar uma árvore bem alta e bater nela três vezes, como se estivesse batendo em uma porta, com o dedo indicador. Deixe as três nozes sobre as raízes como oferenda aos gnomos da terra. Vá embora sem olhar para trás. Seu desejo se realizará rapidamente.

MAGIA PARA ESTUDOS

Tenha com você uma estátua ou imagem de uma coruja – pode ser impressa ou, se preferir, desenhada à mão. Você pode também utilizar um acessório, como um pingente ou anel, com o desenho desse animal. Encante a imagem passando um perfume de sua preferência, pedindo para que a sabedoria das corujas venha ao seu encontro e abençoe você com foco e determinação.

Dica: é ótimo usar incenso ou beber chá de hortelã durante os estudos, eles auxiliam o foco e a boa memória.

Na hora que for estudar, acenda uma vela azul-clara para a energia das corujas, deixando a imagem ao lado da vela. Isso vai auxiliar você no momento dos estudos e aumentar a sua concentração e o seu foco. Repita o encantamento sempre que necessário.

MAGIA CELTA DE PROTEÇÃO

Pegue dois gravetos do chão, sem arrancar, de uma árvore bem grande. Numa noite de lua minguante, cruze-os, formando uma cruz. Mentalize uma esfera de proteção em toda a sua casa.

Com uma fita vermelha, entrelace os dois gravetos, firmando o escudo de proteção. Coloque essa cruz na porta de entrada de sua casa, para protegê-la contra inimigos, espíritos indesejáveis ou arruaceiros.

MAGIA CONTRA PESADELOS

Para esta magia, você precisará de:
- 1 quartzo leitoso
- 7 gotas de essência de lavanda
- 1 saquinho lilás
- 1 incenso de rosa branca
- 1 fita azul

Com o incenso, limpe o saquinho, a essência, a fita e, principalmente, o cristal. Mentalize todas as energias indesejáveis saindo de cada um dos objetos como uma fumaça de cor escura e, em seu lugar, uma luz branca entrando em cada um dos itens.

Pingue as gotas da essência de lavanda no cristal. Ao pingar cada uma, mentalize todos os pesadelos sendo dissolvidos e limpos, trazendo uma sensação de harmonia e paz para seu sono.

Coloque o cristal dentro do saquinho, que pode ser feito de retalhos ou de qualquer tipo de tecido. Feche-o com a fita azul, dando três nós. Ao dar cada nó, mentalize todos os pesadelos sendo banidos e bloqueados de seus pensamentos. Peça para aquele cristal trazer paz, tranquilidade e bons sonhos.

Quando for dormir, coloque esse talismã dentro do travesseiro, mentalizando muitos sonhos bons e tudo aquilo que você deseja sonhar!

Caso volte a ter pesadelos, pegue novamente o cristal e pingue mais sete gotas da essência, reforçando sua magia! Esse ritual pode ser feito em qualquer lua.

MAGIA PARA BONS SONHOS

Com um pedaço pequeno de tecido, faça um travesseiro com as seguintes ervas:

- Camomila
- Lavanda
- Melissa
- Eucalipto
- Algodão

Pingue algumas gotas de óleo essencial de lavanda para deixar o travesseiro cheiroso e aromático. Coloque um pequeno cristal de ametista dentro dele. Peça para que as fadas abençoem o cristal removendo todos os pesadelos, trazendo limpeza em sua mente e que lhe concedam uma mágica noite de sono.

Esse travesseiro encantado tem o poder de fazer com que seus pesadelos se afastem e que seus maiores sonhos se tornem realidade. Use ervas secas, e caso sinta conexão com alguma erva específica, acrescente-a em seu travesseiro!

MAGIA DE CURA PARA ANIMAIS

Ingredientes:
- 1 vela verde
- Foto ou pelos do animal
- Azeite
- 1 caneta ou prego

Na vela verde, escreva o nome do seu bichinho de estimação. Em seguida, unte-a com um pouco de azeite, coloque os pelos e, antes de acendê-la, mentalize a saúde de que ele necessita. Visualize uma luz branca ou verde sendo enviada para o seu bichinho, trazendo boas energias e removendo toda a doença e a dor.

Depois de acesa, deixe a vela próxima do local onde ele se alimenta. Ofereça a vela para os gnomos da cura, pedindo para que eles tragam saúde e cura ao seu animalzinho. Essa magia pode ser feita para qualquer animal.

Tome cuidado com o local onde for deixar a vela para que ele não se machuque. Quando for tirar o pelo do bichinho, nunca corte nem arranque; pegue o pelo que ele deixa cair ou que está na escova com que você o penteia.

Essa magia pode ser feita em qualquer fase lunar. Por vezes, magias de cura e saúde precisam ser feitas o mais rápido possível.

MAGIA COM O HOMEM VERDE

Acenda uma vela branca para a energia do Homem Verde e repita:

*"Senhor dos bosques,
Traga cura e saúde ao meu caminho,
Abençoe minha jornada em paz,
Traga o conhecimento da natureza,
Traga tranquilidade e bem-estar para
a minha vida."*

Deixe a vela queimar e mentalize uma linda floresta ao seu redor enquanto segura cristais de quartzo verde nas mãos.

Faça essa meditação sempre que estiver sentindo-se perdido ou desamparado.

MAGIA DE CURA

Esta magia deve ser feita durante qualquer fase lunar, quando você precisar energizar seu ser com boas energias e remover energias indesejáveis do seu corpo.

Vá para algum local onde a natureza é presente: uma floresta, um bosque, um jardim, algum local em que você possa colocar os pés na grama e conectar-se às forças da terra. Respire fundo algumas vezes, relaxando sua mente. Visualize raízes de árvores feitas de luzes brancas saindo do chão e subindo por todo o seu corpo, imagine seu corpo sendo revigorado e energizado.

Busque relaxar seus músculos, sua respiração. Sinta ao seu redor o cheiro das árvores e das plantas, deixe o vento tocar seu rosto, sinta a brisa suave dele, escute o barulho que a natureza traz, das folhas nas árvores e dos animais.

Fique alguns minutos sentindo essa luz branca preencher seu ser até sentir seu corpo em perfeito equilíbrio. Ao terminar, agradeça mentalmente pela energia que esse espaço sagrado lhe ofereceu.

Caso não consiga estar dentro da natureza, faça em sua própria casa! Coloque sons da natureza para tocar e visualize a relva ao seu redor.

O PODER DO MANJERICÃO

Essa linda erva fácil de achar possui incríveis propriedades mágicas. Ela auxilia você trazendo força e coragem. Uma erva quente que estimula e favorece seu poder pessoal.

O banho de manjericão pode ser tomado para atrair amor, poder e força para vencer obstáculos. Comê-lo de manhã em jejum ajuda a equilibrar os chacras. Essa erva traz alegria e vitalidade, então aproveite para comê-la nos momentos em que você estiver mais pra baixo ou frágil. Você também pode carregar o manjericão em um saquinho como se fosse um talismã. Ele vai espantar energias indesejáveis, vampiros energéticos e mau-olhado.

ENCANTAMENTO PERFUMADO

Uma poção de beleza húngara para cabelos brilhantes e entusiasmo juvenil.

No século XIV, um eremita prescreveu uma poção de beleza feita com flores de alecrim para Izabella, rainha da Hungria. Izabella, à época com 72 anos, estava enferma. Após um ano usando a poção do eremita, sua força e sua beleza se recuperaram ao ponto de o rei da Polônia querer se casar com ela. O alecrim tem sido usado por centenas de anos e é valorizado por herbanários como um estimulante eficaz.

Para fazer esta poção, você vai precisar de:
- 5 gotas de óleo essencial de alecrim
- 25 ml de óleo de girassol
- Papel
- Caneta vermelha
- 1 ramo de alecrim
- 1 copo de água de uma nascente

Preparo:
Dilua o óleo essencial de alecrim no óleo de girassol. Massageie o cabelo com essa mistura, indo da raiz até as pontas. Feche os olhos e sinta o maravilhoso perfume. Escreva seu nome com tinta vermelha no papel, em seguida mergulhe o ramo de alecrim no copo com água de uma nascente e entoe:

> *"Orvalho do mar,*
> *Aumente meus encantos,*
> *Traga amor e amizade*
> *Para os meus recantos."*

Coloque o papel na água da nascente, para que a sua essência simbólica se disperse. Retire o papel quando a tinta desaparecer. Lave o óleo de seu cabelo usando a água da nascente como enxágue final. Pode ser feito também no mar ou no chuveiro se preferir. Ande com o ramo de alecrim pelo restante do dia para fortalecer a magia do seu feitiço.

MAGIA DOS ELEMENTAIS PARA ANIVERSÁRIO

O dia do seu aniversário é muito especial. É a ocasião em que todas as energias elementais estão prontas e próximas para receber você no mundo. Nesse dia, você tem um grande volume de energia para usar ao seu favor e realizar seus desejos.

Para esta magia, separe:
- 1 papel branco
- 3 velas brancas e pequenas
- 1 bolo pequeno

Preparo:
Escreva seus três desejos de forma clara e objetiva no papel, descrevendo exatamente aquilo que deseja que se torne realidade. Acenda as três velas e coloque-as em cima do bolo. A cada vela, faça a mentalização do seu desejo mágico.

Visualize uma bruma de energia dourada envolvendo seu corpo, pequenas luzes vindo ao seu redor, representando a energia dos elementais em sua mente. Crie imagens de todos os seus sonhos já realizados. Deixe as velas queimarem completamente em cima do bolo. Quando terminar, coma metade do bolo e ofereça a outra metade para os seres da natureza, deixando-o próximo a um jardim ou uma árvore, de forma ecológica sem que prejudique o espaço!

Deixe essa magia salva para fazer em seu aniversário, pois ela é muito poderosa. Acrescente nela incensos, cristais e aquilo que desejar e que for de seu gosto! Afinal, é o seu dia!

CINCO ERVAS INFALÍVEIS PARA LIMPEZA ENERGÉTICA

As ervas citadas a seguir podem ser utilizadas em banhos de ervas, poções mágicas, escalda-pés, sabonetes naturais ou carregadas como saquinhos mágicos. Elas promovem a limpeza das energias negativas ao nosso redor:

- **Arruda:** promove a limpeza áurica, removendo vampiros energéticos;
- **Alfazema:** auxilia no equilíbrio e na harmonização do campo vibracional;
- **Alecrim:** alegra, energiza e nos protege das energias indesejáveis externas;
- **Eucalipto:** promove a cura, a saúde e a purificação necessária;
- **Guiné:** quebra feitiços e magias negativas direcionadas a nós.

RECEITA DO PATÊ MÁGICO DAS SETE ERVAS

Esta é uma receita que aprendi quando tinha 12 anos. São utilizadas algumas ervas mágicas para atrair a energia dos elementais e trazer a alegria e o bem-estar para nosso dia! Sirva o patê para seus amigos e familiares em um momento especial.

Ingredientes:
- 700 g de ricota
- Hortelã fresca
- Manjericão fresco
- Alecrim fresco
- Salsa fresca
- Cebolinha fresca
- Orégano seco
- Pimenta-calabresa seca
- 1 xícara de azeite de oliva
- Sal a gosto

Preparo:

Separe um punhado de cada uma das ervas, corte com as mãos mesmo ou com uma faca. Acenda uma vela verde para consagrar as ervas. Mexendo em sentido horário, misture a ricota com as ervas e o azeite, recitando:

*"Consagro e abençoo este patê mágico,
Para atrair a energia destas ervas mágicas.
O alecrim que gera felicidade,
A hortelã que gera concentração,
O manjericão que gera força,
O orégano que gera alegria,
A pimenta que gera proteção,
A salsa que gera fertilidade,
A cebolinha que gera purificação,
Junto a minha energia,
Dos gnomos,
Das fadas,
Das salamandras,
Das sereias,
Que assim seja e que assim se faça!"*

Deixe a vela queimar por completo ao lado do patê e pronto! Experimente, e caso queira ajustar as ervas ou substituir por alguma outra, fique à vontade.

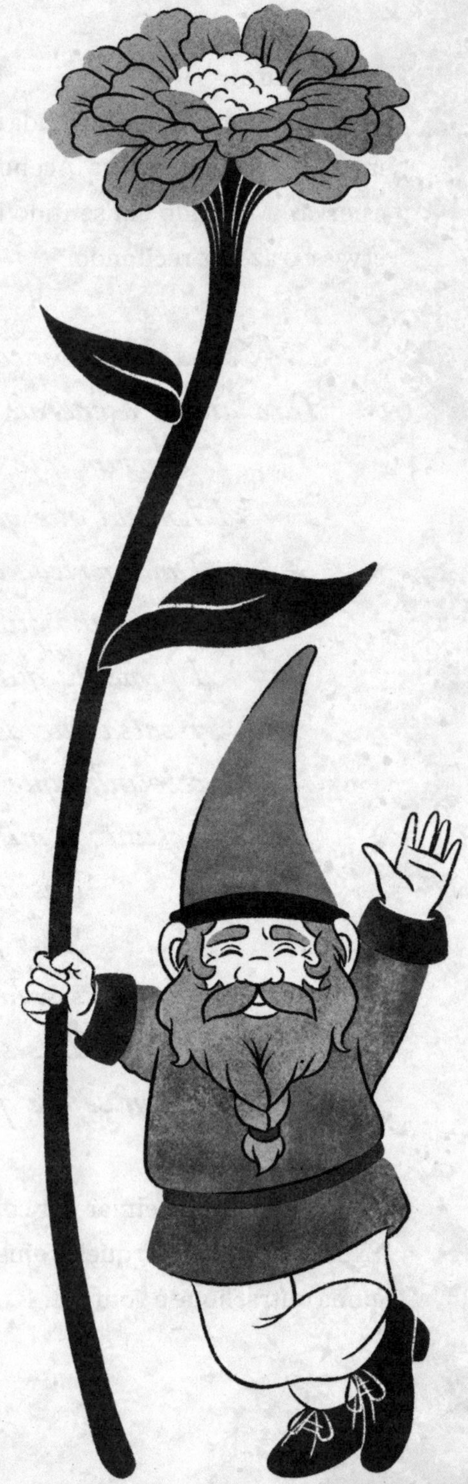

PRATIQUE SEMPRE O BEM (E VIVA FELIZ PARA SEMPRE!)

Esta história não chega a um final específico, após percorrermos o mundo dos gnomos, das fadas, das salamandras, das sereias e de tantos outros seres. Sinto-me totalmente honrado por apresentar a você um pouco do meu elemento e do meu povo, e também um pouco de cada um dos elementais e dos deuses ligados a eles. Essa jornada de aprendizado é diária, a cada despertar, assim como foi e é para mim desde que comecei a descobrir e explorar o mundo da magia quando eu ainda era uma criança (ou talvez ainda o seja). Espero que, assim como é para mim, seja uma experiência única para você revisitar todo esse mundo mágico dos elementais.

Circular pelo universo dos elementais é um ato contínuo que demanda uma conexão profunda de nós com os quatro elementos. Com nosso próprio ser. A correria da vida por vezes nos afasta do prazer de pequenas graças, como sentir a brisa soprar no nosso rosto, o contato da água com a nossa pele, pisar descalço na grama enquanto o sol nos envolve em seu abraço caloroso. Estamos rodeados o tempo todo pelos elementos, e, como mostrei ao longo destas páginas mágicas, não é nada complicado entrar em sintonia com os elementais por meio deles. Basta você se permitir; ser livre.

Você não imagina o prazer de ser o seu guia nesses caminhos, nessa jornada. Desejo do fundo do meu coração que você continue a explorar a magia de modo sincero e verdadeiro. Pratique-a sempre com amor, respeito, humildade e carinho. Busque focar principalmente você, lembrando o quanto ela é simples, poderosa e capaz de ser praticada todos os dias. A magia inicia logo quando acordamos, quando sai de nós uma palavra de gentileza, quando sorrimos e recebemos um sorriso de volta. A magia ocorre principalmente quando você cuida de si, olha para seu interior e acredita em suas crenças. Não deixe de tomar seus banhos de ervas, acender seus incensos, assim como suas velas, abraçar uma árvore, tomar banho de mar, deitar na grama e respirar ar puro. Não deixe de viver a natureza.

E não se esqueça: a sua magia depende unicamente de você

A magia está dentro do seu coração, bastar ouvir sua voz interior para se conectar a ela.

Que assim seja e que assim se faça!

Beijos de nariz,

Victor Valentim

Anexos

TABELA DE APOIO À MAGIA ELEMENTAL[3]

---

[3] ANDREWS, Ted. *Enchantment of the faerie realm*: communicate with nature spirits & elementals. Woodbury: Llewellyn Publications, 2002.

ÁGUA

Arquétipos: emoções, sensitividade, clarividência, amor, compaixão, ternura, intuição, o ventre, geração, fertilidade, perdão, purificação, prazer, amizade, sonhos, simpatia, reflexão, mergulhar em nosso inconsciente, gentileza, germinar, útero, relacionamentos, inícios, mudanças.

Direção: oeste.
Nome do vento oeste: Zephyrus.
Anjo: Gabriel.
Formas de conexão: diluir, colocar na água, lavar, banhar-se, entrar no mar ou na cachoeira, chorar, abraçar, beijar, amar.
Natureza básica: purificante, fluente, curadora, suave, amorosa, movimento, mutável.
Corpo: emocional.
Matéria: líquida.
Fase da vida: maturidade.
Tipos de magia: mar, gelo, neve, neblina, espelho, chuva.
Tempo: crepúsculo.
Energia: receptiva, feminina.
Estação: inverno.

Ferramentas: cálice, copo, taça, caldeirão, espelho, conchas, coral, pérola, madrepérola, abalone, algas.
Chacra: umbilical/secundário.
Elementais: ondinas, ninfas, sereias, sirenas, tritões, ninfas das águas.
Rei: Niksa ou Necksa.
Sentido: paladar.
Pedras e joias: cristais azuis e verdes-água, como água-marinha, cianita azul, larimar, ágata blue lace, turquesa, ametista, turmalina azul, pérola, coral, topázio azul, fluorita azul, lápis-lazúli, sodalita, angelita, pedra-da-lua, zircônia, safira, opala, lepidolita.
Metais: mercúrio, prata.
Plantas e árvores: lótus, samambaia, musgo, arbustos, alga, couve-flor, gardênia, salgueiro, melancia, limão, cebola, baunilha, meimendro, babosa, margarida, dedaleira, passiflora, gerânio, valeriana, violeta, erva-cidreira, lírio, jasmim, framboesa, morango.
Animais: golfinhos, focas, todos os peixes, mamíferos marinhos e criaturas marinhas, gato, sapo, tartaruga, lontra, ostra, cisne, caranguejo.
Instrumentos musicais: violino, violão, entre outros instrumentos de corda, piano.
Símbolos: oceanos, lagos, rios, poços, fontes, chuva, neblina, conchas, água.
Signos do zodíaco: câncer, escorpião e peixes.
Lugares: lagos, rios, fontes, poços, praias, banheiras, piscinas, chuveiros, cachoeiras, spas, o oceano e as marés.
Cores: azul, verde, azul-esverdeado, cinza, índigo, roxo, preto.
Numerologia alquímica: 2, 6.

ÁGUA

Astros: Netuno, Plutão e lua.
Atraído por: vasos, cálices, jarros d'água.
Incensos: limão, melancia, lótus, algas marinhas.

AR

Arquétipos: a mente, todo o trabalho mental, intuitivo e psíquico, conhecimento, aprendizagem abstrata, escrever, falar, dar aulas, liberdade, meditação, respiração, inspiração, audição, pensamento e crescimento intelectual, viagem, liberdade, revelar a verdade, encontrar coisas perdidas, habilidades psíquicas, instrução, telepatia, memória, a habilidade de saber e entender, discussões, conversas, empatia, criatividade, foco, direcionamento.

Direção: leste.
Nome do vento leste: Eurus.
Anjo: Rafael.
Formas de conexão: sacudir objetos no ar ou pendurá-los ao vento, suspender ferramentas em lugares altos, soprar objetos leves enquanto visualiza energias positivas, deixar que o vento carregue folhas, flores, ervas ou papel picado.
Natureza básica: movimento, flutuante, fresca, inteligente. O som é uma manifestação desse elemento.
Corpo: mente, clarividência, sabedoria, conhecimento, lógica, ventos, consciência, adivinhação, trabalhos psíquicos, intuição, memória.

Matéria: gasosa.
Fase da vida: infância.
Tipos de magia: adivinhação, concentração, visualização, profecia, magia do vento, carma, velocidade.
Tempo: alvorecer.
Energia: projetiva, masculina.
Estação: primavera.
Ferramentas: pena, incensário, athame, espada, vassoura, sino, visualização criativa.
Chacra: cardíaco.
Elementais: silfos, zéfiros e fadas que habitam o mundo das árvores, flores, ventos, brisas e montanhas.
Rei: Paralda ou Rainha.
Sentido: olfato e audição.
Pedras e joias: pedras transparentes, brancas ou claras, topázio, quartzo transparente, quartzo rutilado, quartzo branco, selenita, ágata cinza.
Metais: cobre.
Plantas e árvores: olíbano, mirra, prímula, tamareira, verbena, violeta, alfazema.
Animais: pássaros, borboletas, entre outros animais alados.
Instrumentos musicais: flautas, gaita, entre outros instrumentos de sopro.
Símbolos: céu, vento, brisa, nuvens, respiração, vibração, plantas, ervas, flores, árvores.
Signos do zodíaco: gêmeos, libra e aquário.
Lugares: topo de montanhas e colinas, céus nublados, praias onde se venta muito, torres altas, aeroportos, escolas, bibliotecas, escritórios, agências de viagem.
Cores: branco, amarelo-claro, azul-claro, tons pastéis.

Numerologia alquímica: 3, 7.
Planetas: Mercúrio, Júpiter e Urano.
Atraído por: instrumentos musicais, incensos.
Incensos: rosas, calêndula, jasmim, verbena, camomila, flores em geral.

FOGO

Arquétipos: energia, transmutação, autoestima, espírito, calor, sangue, vigor, vida, vontade, cura, destruição, purificação, fogueiras, lareiras, velas, sol, erupções, explosões, mudança, visão, percepção, visão interior, iluminação, aprendizagem, amor, paixão, sexualidade, autoridade, vontade de ousar, criatividade, lealdade, força, transformação, proteção, coragem, ímpeto, sucesso, evolução, fé, exercícios físicos, consciência corporal, vitalidade, autoconhecimento, poder, força de vontade.

Direção: sul.
Nome do vento sul: Notus.
Anjo: Miguel.
Formas de conexão: queimar, passar na fumaça ou derreter um objeto, erva ou imagem, velas e pequenas fogueiras.
Natureza básica: purificante, destruidora, limpadora, energética, sexual, forte.
Corpo: espiritual.
Matéria: plasma.
Fase da vida: juventude.

Tipos de magia: ação, sexualidade, poder pessoal, força, coragem.
Tempo: meio-dia.
Energia: projetiva, masculina.
Estação: verão.
Ferramentas: lamparina ou vela, bastão, varinha, cajado, ervas ou papéis queimados.
Chacra: plexo solar.
Elementais: salamandras, dragões do fogo, a consciência das chamas.
Rei: Jinn ou Djinn.
Sentido: visão.
Pedras e joias: pedras vermelhas, quentes, alaranjadas, opala de fogo, jaspe vermelho, pedras vulcânicas, cristais de quartzo, rubi, cornalina, olho-de-boi, rodocrosita, ágata de fogo.
Metais: ouro, latão.
Plantas e árvores: alho, hibisco, pimentas, canela, plantas espinhentas, cactos, grãos de café, rosa vermelha, cravo-da-índia, gengibre.
Animais: dragões, leões, cavalos, cobras, grilos, louva-a-deus, besouros, abelhas, centopeias, escorpiões, tubarões, fênix, coiotes, raposas.
Instrumentos musicais: guitarras, sintetizadores, músicas eletrônicas e agitadas.
Símbolos: relâmpago, vulcão, arco-íris, sol, estrelas, lava.
Signos do zodíaco: áries, leão e sagitário.
Lugares: desertos, fontes termais, vulcões, fornos, lareiras, quarto de dormir (devido ao sexo), saunas, campos de atletismo, academias de ginástica.
Cores: vermelho, amarelo, laranja, dourado e branco.

Numerologia alquímica: 1, 5, 9.
Astros: sol e Marte.
Atraído por: velas, lamparinas, fogo.
Incensos: olíbano, canela, junípero, cravo-da-índia, pimenta e incensos de aromas quentes.

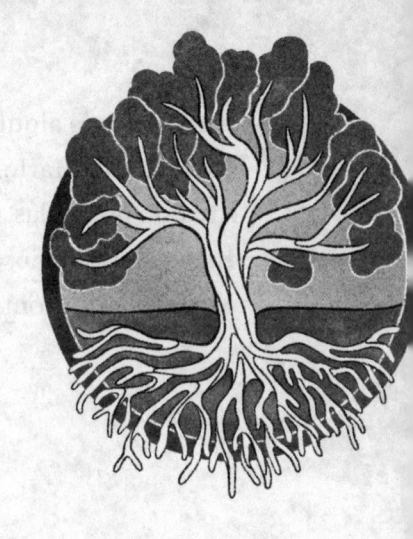

TERRA

Arquétipos: o corpo, a força, saúde, crescimento, prosperidade, fartura, abundância, sustentação, ganho material, dinheiro, nascimento, morte, silêncio, rochas, pedras, cristais, joias, metal, ossos, cascos, chifres, estruturas, noite, riqueza, tesouros, estabilidade, equilíbrio, toque, empatia, crescimento, conservação, negócios, emprego, estabilidade, sucesso, fertilidade, cura, forças da natureza combinadas.

>**Rege:** aterramento, força, cura, animais, sucesso, estabilidade, robustez, o princípio, empatia, fertilidade, morte, renascimento, sabedoria.
>**Direção:** norte.
>**Nome do vento norte:** Boreas, Ophion.
>**Anjo:** Auriel.
>**Formas de conexão:** enterrar, plantar, fazer imagens de argila ou areia, cozinhar, plantar, artesanato, costurar, caminhadas.
>**Natureza básica:** acolhedora, fértil, úmida, estável.
>**Corpo:** físico.
>**Matéria:** sólida.
>**Fase da vida:** velhice.

Tipos de magia: aterrar, saúde, cura, fertilidade.
Tempo: meia-noite.
Energia: receptiva, feminina.
Estação: outono.
Ferramentas: pentáculo, pentagrama, imagens, pedras, sal, cristais, árvores, cordas, terra, ervas, madeiras, plantas e flores.
Chacra: básico/raiz.
Elementais: gnomos, anões, trols, os que habitam o interior da terra.
Rei: Ghob, Gob ou Ghom.
Sentido: tato.
Pedras e joias: verdes, marrons ou de tons terrosos, turmalina negra, olho-de-tigre, jaspe vermelho, aragonita.
Metais: ferro, chumbo.
Plantas e árvores: cedro, raízes, grãos, pinheiro, hera, carvalho.
Animais: os moradores das florestas, como esquilos, lobos, ursos e javalis, e grandes animais de casco, como veados, búfalos, alces e cavalos. Animais que vivem em tocas, como coelhos, texugos e marmotas.
Instrumentos musicais: baterias, tambores e instrumentos de percussão.
Símbolos: quadrado, casco, pantáculo.
Signos do zodíaco: touro, virgem e capricórnio.
Lugares: cavernas, vales, cânions, florestas, abismos, campos, fazendas, jardins, parques, cozinhas, minas, buracos dentro da terra, tocas, bosques, montanhas.
Cores: marrom, verde, preto, branco, dourado, laranja, tons terrosos.
Numerologia alquímica: 4, 8.

Astros: Vênus e Saturno.
Atraído por: cristais, rochas, montanhas, pedras.
Incensos: sândalo, cedro, patchouli, vetiver, palo santo.

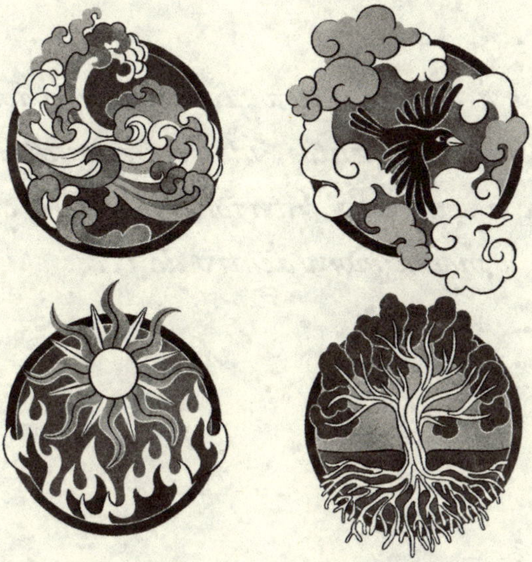

*Sinta-se à vontade para preencher as páginas
a seguir com pensamentos, ideias e encantamentos.
Acesse o seu poder interior e descubra que
a magia mora dentro de você.*